KB019948

이 책은 초급자부터 고급자까지
누구에게나 해당되는 몸의 바른 움직임과
근육학에 근거한 기초적인 지식과 훈련을
바탕으로 부상을 최소화 하여 웨이트 트레이닝을
하는 모든 사람들에게 희망을 주는
등대와 같은 지침서가 되기를 바랍니다.

김명섭

보디빌더 경험에 해부학을 접목한

김명섭의 헬스 교실

싸이프레스

PROLOGUE

초등학교 시절 고관절을 크게 다쳐 오랫동안 깁스를 하고 생활한 적이 있다. 몸이 불편하다 보니 주로 집과 학교만 오가게 되었고 또래 친구들과 함께 어울리지도 못하니 자연스레 혼자 있는 시간이 많아졌다. 이렇게 외로운 유년기를 보내면서 성격은 점점 내성적이고 의기소침하게 변해갔다.

군대 전역 후 24살이던 어느 날, 친한 친구 손에 이끌려 난생처음으로 헬스클럽이라는 곳에 가게 되었다. 어릴 때부터 늘 집에만 있던 터라 성인이 되어서도 몸이 약한 편이었는데, 몸도 건강하게 만들고 끈기도 키워보고자 친구와 헬스클럽에 등록하게 되었다. 몇 개월 정도 지났을 무렵 헬스클럽 관장님의 권유로 우연히 대구보디빌딩대회에 출전하게 되었는데, 전혀 생각지도 못한 2위 입상을 하게 되면서 인생의 방향이 바뀌게 되었다. 하지만 그때는 몰랐다. 20여 년 동안 보디빌딩 선수를 하게 되고 평생 직업으로 삼게 될 줄은 말이다.

그렇게 첫 입상을 한 후 몇 달간 웨이트 트레이닝에 완전히 심취하여 하루도 빠지지 않고 운동에 매달렸다. 하루는 건물 소등시간 제한으로 운동을 할 수 없게 되자 헬스클럽 관장님께 부탁을 드려 벤치를 불빛이 새어 나오지 않는 샤워실로 옮겨놓고 새벽까지 운동하기도 했다. 소위 미치지 않으면 그렇게 할 수도 없었고 그만큼 당시의 열정은 엄청났다. 내성적이긴 하지만 그 누구에게도 지기 싫어하는 승부욕과 한번 시작하면 끝을 보려는 집념은 강했고, 그 결과 2001년 미스터코리아 그랑프리와 2011년 세계클래식보디빌딩대회 금메달이라는 성과를 낼 수 있었다. 미치지 않고서는 그 무엇도 이룰 수 없고 특히 이 웨이트 트레이닝이야말로 꾸준함에 길이 있다고 확신했다. 늘 이러한 생각을 마음에 새기고 이를 악물고 열심히 노력했던 것이 좋은 결실로 이어진 게 아닌가 싶다.

운동 초창기 때는 요즘처럼 스마트폰이나 유튜브 등 정보를 알려주는 미디어가 발달하지 않았다. 그래서 선배들이 운동하는 모습을 보고 이렇게도 저렇게도 해보면서 시행착오를 겪으며 내 것으로 만들어 갔다. 특히 근육학에 관한 지식 없이 마음대로 하다 보니 늘 크고 작은 부상도 잦았고, 부상 중에는 평상시의 운동강도와 양을 채

우지 못하는 악순환이 발생하곤 했다. 더구나 시합 일정이 촉박한 시점에 그런 상황이 생기면 스트레스가 극에 달하기도 했다.

2011년 세계클래식보디빌딩대회 우승을 끝으로 은퇴를 결심했고, 은퇴 후 그동안 목말라했던 근육학에 대한 관심이 더욱 커졌다. 근육의 원리를 접목시켜 다양한 부상을 예방히고 인진한 운동을 할 수 있는 방법을 찾기 위해 근육학을 본격적으로 공부하기로 마음먹었고, 정희원 선생님의 책과 동영상을 접하며 본격적으로 공부를 시작했다. 처음 근육학이라는 학문을 접했을 때의 막막함이란 이루 말할 수 없지만 몇 개월이 지나자 조금씩 이해가 되기 시작했다. 이 시기에는 보디빌딩 초창기 때 운동에 미쳤었던 것처럼 선생님의 책과 온라인 강의를 수도 없이 보면서 근육학에 완전히 빠져 있었다. 그리고 공부를 하면 할수록 그동안의 운동방법이 얼마나 부족했는지 큰 깨달음을 얻었다. 선수 시절 근육학적 지식을 알고 운동했더라면 훨씬 더 좋은 몸을 만들 수 있지 않았을까 하는 아쉬움도 들곤 했다.

물론 내가 가지고 있는 근육학적 지식은 전문가들에 비하면 보잘것없다. 하지만 20여 년간 직접 해온 운동방법에 접목시켜 최대한 부상을 방지하고 몸을 잘 만들 수 있도록 해부학적 지식에 근간을 둔 나만의 운동방법을 연구해왔다. 그리고 그것을 여러분들과 함께 공유하고자 이 책을 집필하게 되었다.

수많은 사람들이 건강을 위해서 운동을 한다. 하지만 아이러니하게도 오히려 잘못되고 무리한 방식으로 함으로써 심각한 부상을 당하거나 건강에 해로운 경우도 많은 게 현실이다. 이제 이 책을 통해서 올바른 운동법을 잘 인지하고 부상 없이 건강한 몸을 잘 만들 수 있기를 바란다.

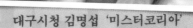

대구시청 김명섭 '미스터코리아'

세계선수권 선발전 그랑프리

김명섭 (대구시청·사진)이 10년만에 '미스터코리아'를 품에 안겼다.

김명섭(-75kg)은 지난달 30일 서울 역도경기장에서 열린 2001 미스터코리아 선발대회겸 세계선수권 선발전에서 섬세하면서도 균형미가 뛰어난 근육질과 강한 하체근육을 일세로 200여명의 출전선수가운데 그랑프리를 차지했다.

이로써 김명섭은 50년 한국보디빌딩 역사에서 지난 72년 강영구, 91년 이용섭 이후 대구선수로는 세번째 미스터코리아에 등극했다.

지난 97년 미스터아시아 선발대회에서 라이트급 1위를 차지했고 이 해에 YMCA대회 1위와 포즈상을 휩쓸며 한국보디빌딩의 간판으로 성장한 김명섭은 세계선수권에서도 3위를 차지하는 등 세계무대에서도 통할

수 있는 선수로 평가받고 있다.

최자영 대구시보디빌딩협회 전무이사는 '대회가 없더라도 90% 이상의 몸상태를 유지하는 성실성이 김명섭의 최대 강점'이라며 '내년 부산아시안게임에서도 금메달이 기대된다'고 말했다.

한편 최기덕(-90kg·박용태(+90kg·이상 대구시청), 이두희(-80kg 헬스뱅크)는 2위를 차지했고 김제규(-80kg 경북기계공고)는 학생부에서 3위에 올랐다.

이춘수기자 zapper@imaeil.com

5

CONTENTS

PROLOGUE 2

CHAPTER 01 10
웨이트 트레이닝란 무엇인가?

CHAPTER 02 14
웨이트 트레이닝, 왜 해야 하는가?

CHAPTER 03 18
그것이 궁금하다, Q&A

CHAPTER 04 28
가슴 운동

대흉근의 구조 30
숄더 패킹과 어깨 부상 32
WORKOUT #01 인클라인 벤치 프레스 34
WORKOUT #02 플랫 벤치 프레스 38
WORKOUT #03 인클라인 덤벨 프레스 40
WORKOUT #04 체스트 프레스 44
WORKOUT #05 덤벨 플라이 46
WORKOUT #06 케이블 크로스 오버 50
WORKOUT #07 딥스 53
WORKOUT #08 덤벨 풀오버 56

등 근육의 구조 _____ 60

WORKOUT #01 랫 풀다운 _____ 66

WORKOUT #02 풀업 _____ 70

WORKOUT #03 시티드 로우 _____ 72

WORKOUT #04 암 풀다운 _____ 76

WORKOUT #05 벤트 오버 바벨 로우 _____ 78

WORKOUT #06 T바 로우 _____ 80

WORKOUT #07 원 암 덤벨 로우 _____ 84

WORKOUT #08 데드리프트 _____ 88

WORKOUT #09 팬들레이 로우 _____ 92

WORKOUT #10 바벨 슈러그 _____ 96

WORKOUT #11 덤벨 슈러그 _____ 98

어깨 근육의 구조 _____ 102

어깨 통증과 부상의 원인 _____ 104

WORKOUT #01 비하인드 넥 프레스 _____ 108

WORKOUT #02 프론트 프레스(밀리터리 프레스) _____ 111

WORKOUT #03 덤벨 숄더 프레스 _____ 114

WORKOUT #04 사이드 래터럴 레이즈 _____ 116

WORKOUT #05 페이스풀 _____ 120

WORKOUT #06 리버스 펙 덱 플라이 _____ 122

WORKOUT #07 리어 래터럴 레이즈 _____ 124

WORKOUT #08 벤트 오버 레이즈 _____ 126

WORKOUT #09 덤벨 프론트 레이즈 _____ 128

WORKOUT #10 업라이트 로우 _____ 130

CHAPTER 07 132
팔 운동

이두근의 구조　134

WORKOUT#01 스탠딩 바벨 컬　136

WORKOUT#02 프리처 컬　140

WORKOUT#03 얼터네이트 덤벨 컬　144

WORKOUT#04 해머 컬　148

WORKOUT#05 케이블 컬　150

삼두근의 구조　154

WORKOUT#01 케이블 푸시 다운　156

WORKOUT#02 라잉 트라이셉스 익스텐션　160

WORKOUT#03 스탠딩 트라이셉스 익스텐션　162

WORKOUT#04 원 암 덤벨 오버헤드 익스텐션　164

CHAPTER 08 166
복근 운동

복근의 구조　168

복근이 중요한 이유　169

WORKOUT#01 크런치　170

WORKOUT#02 인클라인 벤치 싯업　172

WORKOUT#03 벤치 레그 레이즈　174

WORKOUT#04 행잉 니 레이즈　178

WORKOUT#05 행잉 레그 레이즈　180

CHAPTER 09   184
하체 운동

하체 근육의 구조 186
저항과 부상 190
WORKOUT #01 바벨 스쿼트 192
WORKOUT #02 레그 프레스 194
WORKOUT #03 핵 스쿼트 196
WORKOUT #04 레그 익스텐션 198
WORKOUT #05 레그 컬 200
WORKOUT #06 바벨 런지 202
WORKOUT #07 카프 레이즈 204

CHAPTER 10   208
김명섭이 추천하는 최고의 프로그램

PROGRAM #01 입문자용 운동 루틴 210
            (무분할 4주 프로그램)
PROGRAM #02 초보자용 운동 루틴 1~2주차 212
            (2분할 4주 프로그램)
PROGRAM #03 초보자용 운동 루틴 3~4주차 214
            (2분할 4주 프로그램)
PROGRAM #04 3분할 8주 프로그램 216
PROGRAM #05 4분할 10주 프로그램 218
PROGRAM #06 5분할 8주 프로그램 220

웨이트 트레이닝이란 무엇인가?

현대인들은 남녀노소를 불문하고 웨이트 트레이닝을 많이 한다. 뿐만 아니라 운동선수들도 종목에 관계없이 웨이트 트레이닝을 기본으로 한다. 웨이트 트레이닝을 하는 목적은 사람에 따라 다르다. 어떤 사람은 근육을 키워 멋진 몸매를 만들기 위해서, 어떤 사람은 파워와 체력을 향상시키기 위해서 한다. 또한 운동선수들은 자신의 종목에 맞는 기초 체력과 근력 향상을 위해서 맞춤형 웨이트 트레이닝을 한다. 따라서 같은 웨이트 트레이닝이라 하더라도 그 목적에 따라 운동 방법은 매우 다양하다.

자, 그럼 웨이트 트레이닝이란 무엇인가? 우리 몸의 근육은 원통형 근섬유로 구성되어 있는데 웨이트(weight), 즉 중량을 이용하여 저항을 하면서 근섬유를 최대한 늘이고 최대한 단축시키는 것을 말한다. 이때 저항을 한다는 것은 곧 힘을 쓴다는 의미이다. 그런데 근육을 단축시키려면 반드시 힘을 써야 하지만 근육을 늘이려면 힘을 써도 되고 빼도 된다. 이두박근을 예로 들면 팔을 펴고 있으면 이두박근이 늘어나 있는 상태이다. 이때 덤벨을 잡고 이두박근을 단축시키려면 팔을 굽혀야 하는데, 팔을 굽히려면 덤벨을 잡은 손에 반드시 힘을 써야 팔이 굽혀지면서 이두박근이 수축된다. 반면에 덤벨을 잡은 손을 펼 때는 힘을 쓰면서 펴도 되고 힘을 빼고 펴도 된다. 여기서 저항을 한다는 것은 근육이 늘어날 때 힘을 쓴다는 것을 의미한다. 근육이 힘을 쓰면서 짧아지는 것을 단축성 수축, 근육이 힘을 쓰면서 늘어나는 것을 신장성 수축, 근육이 힘을 쓰지 않고 그냥 늘어나는 것을 이완이라고 한다. 그러면 수축이라 함은 근육이 짧아질 때나 늘어날 때나 항상 긴장, 즉 힘이 들어가 있다는 것이다.

정리하자면 웨이트 트레이닝이란 중량을 이용하여 근육이 단축성 수축과 신장성 수축을 반복하면서 근섬유에 많은 자극을 주어 근비대를 촉진하여 우리 몸의 근육을 잘 발달시키는 운동이다. 이때 근섬유에 보다 더 많은 자극을 주어 근비대를 촉진하려면 단축성 수축보다 신장성 수축이 더 중요하다. 가령 벤치 프레스를 할 때 대부분의 사람들은 바벨을 밀어 올릴 때 대흉근에 힘을 많이 주는 데 신경을 쓰는데, 실제로는 바벨을 내릴 때 대흉근으로 정확히 저항하면서 신장성 수축을 잘 시켜야 근성장에 효과적이다. 이처럼 웨이트 트레이닝은 신장성 수축이 중요하다는 것을 꼭 명심하길 바란다.

그럼 근성장을 효율적으로 하려면 웨이트 트레이닝을 어떻게 해야 하는가? 먼저 우리 몸의 근육은 수축할 때 주동근과 협응근, 그리고 길항근이 서로 상호작용하면서 움직인다. 주동근은 수축할 때 주가 되는 근육, 협응근은 주동근을 도와주는 근육, 길항근은 주동근의 반대 작용을 하면서 받쳐 주는 역할을 하는 근육이다. 예를 들어 가슴 운동인 벤치 프레스를 할 때 주동근은 대흉근, 협응근은 삼각근과 삼두박근, 길항근은 가슴 반대쪽에 위치한 승모근이다. 운동을 하면서 근육이 수축할 때는 최대한 주동근이 힘을 쓰게 하고 부족한 힘을 협응근이 써주며 길항근은 받쳐 주는 역할을 해야 한다. 이 3가지가 상호작용을 잘하려면 모든 운동 동작에서 아나토미 자세를 취해야 한다. 아나토미 자세란 척추 중립 자세 또는 해부학 자세라고도 하는데, 턱을 당기고 가슴 명치를 살짝 들고 허리를 펴서 책상 의자에 바르게 앉은 자세라 생각하면 된다. 이때 허리 부분인 요추가 잘 펴져 있어야 한다. 이 자세에서 몸에 긴장을 풀고 자연스럽게 움직이면 된다.

그런데 운동을 하다 보면 대부분 주동근의 힘을 많이 쓰기 위해 협응근, 길항근 할 것 없이 온몸에 힘을 주는데, 이렇게 되면 정작 주동근에는 자극이 덜 가고 운동 동작도 부드럽지 못하고 힘만 많이 든다. 물론 웨이트 트레이닝이 힘을 쓰는 운동이지만 힘을 효율적으로 써서 주동근에 최대한 자극을 많이 주는 것이 중요하다. 저항은 협응근과 길항근이 아닌 주동근이 해야 한다. 예를 들어 벤치 프레스에서 바를 잡고 내릴 때 팔에 힘을 주면서 길항근인 승모근으로 버티다 보면 어깨를 비롯한 팔과 승모근에 자극이 많이 가고 정작 대흉근에는 자극이 덜 가게 된다. 물론 파워리프팅이나 역도 같은 경우엔 주동근의 자극과 상관없이 온몸의 힘을 다 동원하여 그 중량을 들어 올린다. 하지만 웨이트 트레이닝은 근육에 자극을 주어 근성장을 일으켜 몸을 좋아지게 하는 것이지 힘을 키워 중량을 많이 드는 운동이 아니라는 것을 명심하길 바란다.

이 책은 기본적으로 건강과 근육을 잘 발달시켜 좋은 몸을 만드는 데 주안점을 두고 있다. 특히 해부학적으로 해당 근육의 기능과 움직임을 이해하여 정확한 동작을 수행하고, 근골격계에 생길 수 있는 많은 부상을 예방하는 데 도움을 주고자 한다.

웨이트 트레이닝, 왜 해야 하는가?

자, 그럼 웨이트 트레이닝을 왜 해야 할까? 대표적인 이유로는 복부지방 감소, 심혈관 기능 개선, 암 발생 위험 감소, 골밀도 증가 등이 있다. 이러한 것들은 누구나 알고 있는 웨이트 트레이닝을 반드시 해야 하는 일반적인 이유와 효과들이다. 하지만 20여 년 동안 운동 생활을 해온 필자 입장에서 웨이트 트레이닝을 왜 해야 하는지를 꼽는다면 다음의 이유를 꼭 강조하고 싶다.

근육과 뼈, 관절과 신경 등 각 기관들로 이루어진 신비로운 우리 몸이 100세까지 스스로 호흡하고 잘 걸어 다니기 위해선 반드시 웨이트 트레이닝이 필요하다고 생각한다. 웨이트 트레이닝을 하는 사람은 그렇지 않은 사람에 비해 자신의 몸 쓰임이 훨씬 자유로우며 부상과 정신적 고통에서 벗어날 수 있다고 확신한다. 이제 평균수명은 80세를 넘고 100세 시대라는 말도 놀랍지 않은 사회가 되었다. 인구의 급속한 고령화로 인해 평균연령도 갈수록 높아지고 있다. 그러나 오래만 산다고 마냥 좋을 일은 아니다. 필자는 현시점에서 죽기 전까지 다른 사람의 도움 없이 맑은 정신과 튼튼한 신체로 잘 걸어 다닐 수만 있다면 이보다 더 큰 축복은 없으리라 본다. 정신은 온전한데 무릎과 고관절 부상 또는 대퇴근 약화 등 여러 가지 이유로 걷지 못하고 앉아서 생활하면서 여생을 보내게 된다면 아무리 재산이 많은 부자라 할지라도 절대 행복할 수 없다. 대부분의 노인들이 나이가 들수록 근육 약화로 부상을 당하고 여생을 병원에서 보내는 경우가 허다한 요즈음 같은 고령화 시대에 근육을 강화시키는 웨이트 트레이닝은 우리가 반드시 실천해야 할 과제이다. 은행에 예금을 하는 것도 중요하지만 무엇보다도 내 건강 통장에 건강을 차곡차곡 쌓아가는 것이 더 중요하다는 것을 잊어서는 안 된다.

많은 사람들이 시간이 없다거나 웨이트 트레이닝은 지루하다는 핑계로 헬스클럽에 발도 들여놓지 않는다. 하지만 할 수 있다는 자신감과 끈기와 성실함으로 운동 세계에 발을 들여놓길 적극 추천한다. 막상 시작하면 어느새 조금씩 쌓여가는 체력을 반드시 느끼게 될 것이다. 건강을 잃으면 모든 것을 잃게 된다는 말을 명심하고 꼭 웨이트 트레이닝을 시작하길 바란다.

1999년 제51회 미스터코리아 단체전 대구시청 우승 후 무대 뒤

2006년 제87회 전국체육대회 75kg급 금메달 시상식

그것이 궁금하다, Q&A

운동할 때 올바른 호흡법은 무엇인가?

호흡은 근육이 단축될 때 내뱉고 늘어날 때 들이마시는 것이 좋다. 여기에서 말하는 근육이란 운동할 때 주로 힘을 쓰는 주동근을 의미한다. 벤치 프레스의 경우 바를 내릴 때 들이마시고 밀어 올릴 때 내뱉는다. 스쿼트도 몸이 내려갈 때 들이마시고 올라갈 때 내뱉는다. 쉽게 말해서 힘쓸 때 내뱉으면 된다.

초보자가 자신에게 맞는 무게를 찾는 방법은?

초보자의 경우는 처음부터 끝까지 올바른 자세로 8~12회 정도 동작을 수행할 수 있는 무게로 운동해야 한다. 너무 가벼운 무게로 20회 이상 하면 무게저항의 의미가 없고, 반대로 몇 회 하지도 못할 만큼의 무게로 하면 자세가 틀어져서 다칠 수 있다. 특히 초보자는 자신에게 맞는 적당한 무게로 바른 자세를 유지하는 것이 가장 중요하다.

초보자는 인클라인 덤벨 프레스, 덤벨 숄더 프레스와 같은 프리 웨이트 운동을 얼마 동안 해야 할까?

여러 가지 운동을 해도 좋지만, 처음부터 중상급자들이 하는 여러 운동을 하는 것보다 1~2가지 운동을 숙련될 때까지 꾸준히 하는 것이 좋다. 실력이 늘어가면서 새로운 운동을 추가하면 된다.

기초 대사량에 맞춰 칼로리를 섭취하고 단백질을 많이 먹으면 체지방은 줄고 근육은 커질까?

많은 사람들이 지방이 없는 근육질 몸매를 원하지만, 사실 근육만 얻고 체지방을 줄이는 건 쉽지 않다. 보통 체지방과 근육이 같이 커지는 벌크업 몸매가 되기 쉬운데, 사람마다 자신의 기초 대사량과 효율성을 잘 파악하여 그에 맞는 칼로리 조절이 필요하다. 현장에서 지도하면서 느낀 점은 사람마다 체질과 기초 대사량이 상이하다 보니 삼겹살을 자주 먹어도 근육이 잘 나오는 사람이 있는가 하면 체질적으로 조금만 먹어도 지방이 늘고 근육이 잘 나오지 않는 사람도 있다. 따라서 자신의 체질을 파악하여 그에 맞게 먹고 운동하는 것이 중요하다.

저중량 고반복으로 근비대를 이룰 수 있나?

조금 힘들다고 봐야 한다. 근육의 선명도는 좋아지겠지만 크기는 별로 커지지 않는다. 근육에 부하가 걸리기 위해서는 중량이 무거워야 한다. 물론 고중량 저반복으로 근비대를 이루고자 해도 고립운동 기술이 필요하다. 선수들은 100㎏ 벤치 프레스를 하면 온전히 대흉근으로 하지만, 일반인들이 100㎏ 벤치 프레스를 하면 온몸으로 밀기 때문에 자세가 틀어지고 부상 위험도 있다. 마음을 급하게 먹지 말고 꾸준히 운동하면서 강도를 올릴 수 있는 수준에 이르렀을 때 다소 버거운 무게로 고강도 트레이닝, 영양, 휴식 등 3박자를 잘 맞추면 근비대가 가능하다.

운동할 때 뒷골이 당기거나 구토할 것 같은 느낌이 드는 이유는?

스쿼트 같은 하체 운동을 하면 뇌에 산소가 부족해지면서 뒷골이 당길 수 있다. 우리 몸은 운동을 할 때 산소를 들이마시고 이산화탄소를 내뱉는 산소교환을 한다. 그런데 상체 운동 또는 저중량의 하체 운동과 달리 고중량의 하체 운동을 하면 몸에 많은 힘을 주게 된다. 튀어나오는 혈관을 보면 혈액순환이 잘 되는 것 같지만 실제로는 혈액순환이 잘 안되는 것이다. 이때 뇌는 평소에 비해 적은 양의 산소를 공급받고 운동 세트가 누적될수록 뇌에 피로가 쌓인다. 창문이 없는 백화점에서 오랜 시간 쇼핑하면 머리가 띵하고 어지러운 것과 같은 원리라고 보면 된다. 운동 세트 사이에 바깥 공기를 마시며 심호흡을 하면서 몸에 산소를 보충해주자.

헬스클럽에서 내가 사용해야 할 기구를 다른 사람이 사용하고 있으면 펌핑이 가라앉아서 고민이다. 어떻게 해야 할까?

이때는 운동 순서를 너무 정형화하지 말고 조금씩 바꿔보거나 한명 한명 교대로 사용하자고 권해보는 것도 좋은 방법이다. 동일한 기구가 여러 대씩 있는 경우가 아니라면 이 2가지 방법으로 운동 간의 휴식시간을 최소화하는 게 정답이다.

알이 뱄다는 건 운동을 잘한 것일까?

필자의 경험에 비추어 보면 꼭 그렇지도 않다. 운동이 유난히 잘 된 다음 날에 알이 배지 않은 경우도 많고, 운동이 잘 안된 다음 날에 알이 배고 몸이 뻐근한 경험도 많다.

파트너 없이 혼자 운동할 때 주의할 점은?

운동을 하다 보면 마지막 수행 능력이 떨어지는 시점에 파트너가 도와주면 가능할 때가 많다. 하지만 현실적으로 파트너 없이 혼자 하는 경우가 대부분이다. 운동은 반드시 자세가 틀어지지 않아야 부상을 예방할 수 있다. 마지막 횟수에 힘이 들어 주동근에 힘이 빠지고 온몸에 힘이 들어가면서 자세가 틀어질 바에야 과감히 횟수를 한두 개 포기하는 게 현명하다.

운동과 수면의 적절한 시간대는?

운동은 적절한 시간대보다 피해야 하는 시간대가 더 중요하다. 식사 직후와 잠자기 전에는 피하는 것이 좋다. 식후에는 소화기관에 많은 에너지가 쓰이고 과도한 운동을 하면 음식이 역류할 가능성이 있다. 또한 잠자기 전에 운동을 하면 숙면에 악영향을 미치니 최소 취침 2시간 전에는 운동을 마치는 것이 좋다. 필자의 경우 오후 11시에서 자정 사이에 취침, 아침 8시에 기상했다. 시간에 정답은 딱히 없지만 일관된 생활패턴이 중요하다.

인바디 결과는 얼마나 신뢰할 수 있을까?

많은 사람들이 체성분 분석을 위해 인바디 기기를 사용한다. 그런데 측정 시기, 측정 기기에 따라 결과가 조금씩 다를 수 있다. 따라서 오차범위를 줄이기 위해서는 한 달 간격으로 비슷한 시기, 동일한 기기로 측정해서 비교하기를 권한다.

3~4개월 안에 바디 프로필을 목표로 하거나 몸을 만들려는 사람들에게 줄 수 있는 유용한 팁이 있다면?

운동 경력이 거의 없다면 3~4개월 안에 몸을 만드는 것은 다소 어렵다. 운동 경력이 있고 스스로 고강도 운동을 소화할 수 있다는 전제 하에 운동시간을 아침저녁으로 할 애하여 부위별 운동, 복직근운동(거의 매일), 고강도 유산소운동을 병행하면 가능하다. 반면에 운동 경력이 거의 없거나 고강도 운동을 꾸준히 소화할 수 없다면 퍼스널 트레이닝(PT)을 추천한다. 기간을 너무 짧게 잡지 말고 꾸준히 운동하면 근육 라인이 예쁘게 만들어지니 끈기를 가지고 운동, 영양, 휴식 등 3박자를 잘 맞춰서 하길 바란다.

웨이트 트레이닝(보디빌딩)을 할 때 가장 중요한 자세는 무엇일까?

꾸준함이다. 식단, 운동, 숙면 무엇이든 꾸준히 해야 한다. 사람들이 흔히 찾는 쉽고 빠른 특별한 비법은 없다. 규칙적인 생활을 하고 하나의 방법을 정했다면 쭉 밀어붙이길 바란다. 조금은 고집이 있어야 목표한 바를 이룰 수 있다.

몸에서 가장 중요한 근육을 하나만 고른다면?

모든 근육이 다 중요하지만 그 중 하나를 꼽으라면 코어근육이다. 가령 손으로 젓가락질을 할 때 전완근, 상완근 모두 쓰이지만 어깨가 받쳐줘야 움직임이 가능하듯이 몸의 어떤 근육을 사용하더라도 코어가 받쳐줘야 가능하다. 특히 노인들이 자주 넘어지고 다치는 가장 큰 이유도 약해진 코어근육 때문이다.

운동하면서 생기는 허리 통증은 어떻게 관리해야 할까?

허리 통증의 원인은 다양하다. 허리 근육 외에도 요추를 지탱하는 광배근이 다치거나 척추기립근의 문제 때문에 허리 통증이 생길 수 있다. 자동차에 문제가 생겼을 때 어떤 부품이 문제인지 알려면 전문지식이 필요하듯, 몸의 통증 원인을 알려면 근육해부학 지식이 필요하다. 따라서 정형외과 전문의나 물리치료사에게 정확한 진단을 받고 적절한 치료와 운동을 병행하는 게 중요하다. 통증이 심한 상태에서 무리하게 운동하면 심각한 부상을 당할 수 있다. 반드시 치료를 받으면서 휴식을 취하길 바란다.

일반인이 웨이트 트레이닝을 할 때 가장 주의할 점은?

20여 년 선수생활을 해왔지만 일반인과 운동선수의 기본 트레이닝에는 큰 차이가 없다. 다만 일반인과 운동선수의 목적은 확연히 다르다. 일반인의 경우 몸에 심각한 부상이 올 정도로 운동하는 것은 절대 바람직하지 않고, 근육의 휴식시간을 적절히 안배하면서 운동하는 것이 매우 중요하다. 적어도 일주일에 3회 이상, 1시간 정도의 시간을 유지하면서 꾸준히 운동하길 권한다. 반면에 운동선수의 경우 과도한 운동으로 인해 몸이 망가지는 경우가 많다. 쉬어야 하지만 쉴 수 없는 상황(시합 등)들이 닥치기 때문이다. 부상으로 인해 고통스러워도 어쩔 수 없이 해야만 하는 경우도 많다. 하지만 직업이 아닌 취미로 운동하는 일반인은 쉬지 않을 이유가 전혀 없다. 운동을 하는 목적을 잊지 말고 건강을 해치지 않도록 항상 휴식을 잘 취하길 바란다.

혹시 부상을 당한 적이 있는지, 있다면 어떻게 극복했는지?

선수생활 시절에 근육 염증과 같은 잔부상은 있었지만 다행히 관절의 변형과 같은 큰 부상은 없었다. 당시에는 근육학 지식을 바탕으로 운동하지 못했지만 다른 선수들과는 달리 병원 신세를 많이 지지는 않았다. 필자의 경우 가급적 소염진통제는 피했고 고통이 심해지면 휴식을 취했다. 소염진통제가 당장의 고통은 없애주지만 고통을 망각한 채 운동하면 부상은 더 심각해질 수 있기 때문이다. 물론 필자에게도 부득이한 상황이 있었다. 1997년도에 미스터아시아 국가대표로 선발되었는데, 당시 전국대회 1등 선수의 불참으로 2등이었던 필자가 대신 선발되었다. 전혀 예상치 못하고 휴가를 즐기던 상황에서 갑작스러운 연락을 받고 부랴부랴 대회 준비를 시작하게 되었다. 하지만 당시 전국대회 준비 도중에 데드리프트를 하다가 늑골에 실금이 가는 부상을 당한 상태였는데, 국가대표란 절호의 기회를 놓칠 수 없던 터라 처음으로 병원에서 진통제를 처방받았다. 결국 미스터아시아에 출전해서 금메달을 땄고 늑골은 조금 어긋나게 붙었다. 하지만 후회는 없다.

보디빌딩을 시작한 계기는 무엇인가?

필자가 처음 운동을 시작할 때는 선수가 될 줄은 상상도 못했다. 군대 전역 후 친한 친구의 손에 이끌려 처음으로 체육관에 등록했고, 그렇게 시작한 지 4개월 정도 지났을 때 체육관 관장님의 권유로 대회에 출전하게 되었다. 그리고 기대치도 않았던 2등에 입상하게 되었는데, 대회 후 문득 '지금까지 무엇인가를 꾸준히 해본 적이 없다'는 생각이 들었다. 그 이후 인생에서 한 가지라도 꾸준히 해보자는 생각으로 달려오다 보니 어느 순간 보디빌딩 국가대표가 되어 있었다.

많은 유튜브 구독자들이 해부학적 지식을 알기 쉽게 전달해주는 게 인상적이라는 반응을 보인다. 예를 들면 기초 해부학부터 운동생리학, 스포츠 영양학 등 트레이너로서 갖춰야 할 지식들, 최신 트렌드 등은 어떤 방식으로 공부하는지 궁금하다.

운동생리학과 스포츠 영양학은 따로 공부하지 않았다. 대신 해부학적 지식을 공부하게 된 과정과 마음가짐에 대해 말씀드리겠다. 필자가 운동하던 시절에는 근육에 대한 지식이 거의 없었다. 그저 부위별 운동을 듣고 수행하기만 했다. 당시에 필자는 대흉근이 어깨 근육과 연결되어있는 줄도 모를 정도였다. 그렇게 2012년에 현역에서 은퇴하고 우연히 정희원 선생님이 집필하신 「최신 근육학 총설」이라는 책을 접하게 되었다. 그때 그 책을 통해 완전히 신세계를 보게 되었는데, 각 근육의 구체적인 구조와 근육에 생기는 문제에 따른 각종 병들을 알아가면서 새로운 지식에 매료되었다. 그리고 정희원 선생님의 온라인 강의를 수강하기 시작했다. 많은 양의 강의 영상이 있었지만 매일 꾸준히 2시간 이상 강의를 수강하면서 공부했다. 바쁜 일과 중에도, 대중교통을 탈 때도, 집에 있을 때에도 틈틈이 공부하며 강의에 심취해 있었다. 그렇게 선수 시절 전혀 몰랐던 근육학 지식을 깨우치게 되었고 현역 때의 부상 원인이 유추되면서 이 학문에 흠뻑 빠지게 되었다. 은퇴 전까지는 운동하는 법을 배웠고, 은퇴 후 운동의 원리인 근육학을 배운 것은 최고의 선택이었다. 그리고 보다 많은 사람들에게 도움을 주기 위해 유튜브를 시작하게 되었다. 필자의 미미한 지식이 여러분들에게 조금이나마 도움이 되기를 바란다.

제일 중요한 건 규칙적으로 먹는 것이다. 필자의 경우에는 선수이다 보니 끼니마다 먹는 시간대가 정해져 있었다. 하지만 요즘은 다들 바쁘게 생활하니까 개개인의 스케줄에 맞게 본인만의 루틴을 잘 세워서 실천하면 된다. 또한 루틴을 정했으면 최소 3~4주는 치팅데이 없이 그 루틴을 꾸준히 지켜야 효과를 볼 수 있다. 며칠 실천하다가 못 참고 야식이나 인스턴트 음식을 먹게 되면 효과를 볼 수 없다. 적어도 정해진 식단대로 3주 이상 실천하면 변화는 분명 있을 것이다. 만약 변화가 없다면 식단 혹은 운동에 문제가 있지 않은지 살펴보기 바란다. 그렇게 3~4주 동안 실천해보고 변화를 지켜본 후 루틴을 개선하면 된다.

보충제와 닭가슴살은 반드시 섭취해야 하나?

필자의 경우 현역 때 닭가슴살, 계란은 물론 단백질 보충제도 함께 섭취했다. 운동을 해도 단백질을 먹지 않으면 몸이 커지지 않는다는 불안감에 단백질 섭취를 많이 했다. 특히 필자는 선수 시절 영양가 높은 마를 우유에 넣어 갈아 마셨고 특히 닭가슴살보다 효과적인 황태채를 단백질 대용으로 매일 먹곤 했는데, 실제로 황태가 단백질 함량이 높다고 하니 여러분도 이용해보면 도움이 될 것이다. 닭가슴살, 황태채, 돼지고기, 소고기, 흰살생선, 계란, 치즈 등 모든 육류와 유제품, 그리고 식물성 단백질인 콩이나 견과류 등을 내 몸에 맞게 잘 섭취하길 바란다. 여러 가지 이유로 이러한 음식들을 섭취하기 어렵다면 프로틴 단백질 파우더나 산양유 단백질을 이용하는 것도 좋다. 하지만 보충제나 닭가슴살을 반드시 먹어야 하는 건 아니다. 선택일 뿐이다.

현역 시절 직접 실천했던 식단 관리 철학과 식단이 궁금하다.

건강한 음식에서 영양소를 균형 있게 섭취하는 것에 집중했다. 대회 준비 기간에도 먹는 양을 딱히 줄이지는 않았다. 운동하는 무게를 유지하기 위해서는 영양소가 필요하기 때문이다. 대신 운동 강도를 올려서 체지방을 줄이고 근육의 선명도를 높였다.

**김명섭의 현역 시절
하루 일과 및 식단표**

2001년 제53회 미스터코리아 우승 당시

시 간	활 동	비 고
오전 8시	기상	야채녹즙(기상 직후)
오전 8시 30분	아침 식사	현미잡곡밥 1공기, 견과류 조금, 계란프라이 3개, 닭가슴살 1조각, 생선 한 조각, 토마토 1개, 치즈 1조각
오전 9~12시		오전 운동
오후 12시 30분	점심 식사	감자/고구마 200g, 사과 반 개, 프로틴(우유에 타서 한 컵), 닭가슴살 2조각, 소고기 조금, 계란 5개(노른자 포함), 오이 반 개, 파프리카/브로콜리 조금
오후 3시 30분	간식	계란 5개(흰자만), 감자 1개, 견과류 조금
오후 4시~6시 30분		오후 운동
오후 7시	저녁 식사	감자/고구마 200g, 과일 조금, 프로틴, 닭가슴살 2조각, 계란 5개(흰자만)
오후 10시	야식	계란 5~7개(흰자만), 오이 반 개, 오렌지주스 반 컵

CHAPTER

04

가슴
운동

대흉근의 구조

숄더 패킹과 어깨 부상

WORKOUT #01 인클라인 벤치 프레스

WORKOUT #02 플랫 벤치 프레스

WORKOUT #03 인클라인 덤벨 프레스

WORKOUT #04 체스트 프레스

WORKOUT #05 덤벨 플라이

WORKOUT #06 케이블 크로스 오버

WORKOUT #07 딥스

WORKOUT #08 덤벨 풀오버

대흉근의 구조

대흉근은 쇄골과 흉골, 늑골에서 시작하여 상완골의 대결절릉에 붙어 팔 힘을 쓰는 데 전반적인 역할을 하는 큰 근육이다. 대흉근은 승모근과 같이 세 방향으로 펼쳐져 있다. 먼저 쇄골의 2분의 1 지점까지 붙어 있는 쇄골지와 흉골 1~6번 늑연골에 붙어 있는 흉골지, 그리고 늑골 6번과 7번에 붙어 있는 늑골지로 나뉘는데, 늑골지는 늑골에 붙어있는 근육을 복근이 덮고 있어 복근지라고도 한다. 쇄골지, 흉골지, 늑골지는 각각 윗가슴, 중간가슴, 밑가슴으로 구분된다. 3가지 근육의 시작점은 각각 다르지만 착지점은 모두 상완골로 동일하고, 3가지 근육이 붙어있는 모양은 마치 부채처럼 펼쳐져 상완골에 꼬여서 붙어있다. 따라서 팔을 내리고 있으면 근섬유가 꼬여 있고, 팔을 위로 들어 올리면 펴진다.

이 3가지 근육을 운동할 때는 윗가슴, 중간가슴, 밑가슴 방향으로 해야 쇄골지, 흉골지, 늑골지가 모두 자극된다. 스트레칭도 마찬가지로 세 방향으로 해야 한다. 대흉근은 생활습관 때문에 단축되기가 쉬운 근육인데, 이러한 대흉근의 단축성 긴장으로 견관절에 통증이 많이 유발된다. 앞서 말했듯이 팔 힘을 쓰는 데 전반적인 역할을 하는 근육이 대흉근인데, 우리가 평소에 일을 하거나 운동을 하거나 어떤 움직임을 취할 때 대부분 팔을 앞으로 움직이기 때문에 이러한 습관에 의해 등이 굽으면서 대흉근은 단축되기 쉬워지는 것이다. 또한 대흉근이 단축되면 반대로 승모근은 이완되고 등이 굽는 라운드 숄더 체형이 되면서 상완골의 골두 쪽이 부담을 많이 받는다. 그래서 견관절이 움직일 때마다 문제가 나타나면서 어깨에 통증이 많이 생기게 된다.

견관절 통증의 주된 원인인 단축성 긴장은 평상시 스트레칭으로 관리하는 것이 매우 중요하다. 스트레칭은 짐볼을 이용해 누워서 팔을 세 방향으로 기지개를 켜듯이 해주면 되는데, 만약 짐볼 같은 운동 도구가 없을 땐 집에서 방문을 이용해서 팔을 위, 중간, 아래 세 방향으로 스트레칭 해주면 많은 도움이 된다.

대흉근의 주요 기능 중에는 내전과 내회전이 있다. 팔을 바깥쪽으로 활짝 벌렸다가 안쪽으로 모으면(내전) 상완골이 앞쪽으로 회전하면서(내회전) 안는 동작이 된다. 즉, 팔을 활짝 벌려서 큰 나무나 사람을 끌어안는 동작과 같다. 가령 벤치 프레스나 덤벨 플라이를 할 때도 무조건 내전과 내회전을 하면 된다. 벤치 프레스에서의 내전, 내회전이란 바벨을 잡은 팔을 직각으로 내렸다가 밀어 올리면 자연스럽게 내전, 내회전이 된다. 바꾸어 말하면 팔을 직각으로 내리라는 이유가 내회전을 하기 위함이다. 또한 플라이 동작에서는 팔을 바깥쪽에서 안쪽으로 모으면서 안는 동작을 취할 때 내전, 내회전이 된다.

대흉근은 근육 방향에 따라 내전, 내회전 움직임에 차이가 있다. 쇄골지는 팔을 밑에서 위로 안는 동작과, 흉골지는 팔을 수평으로 벌렸다가 안는 동작과, 늑골지는 팔

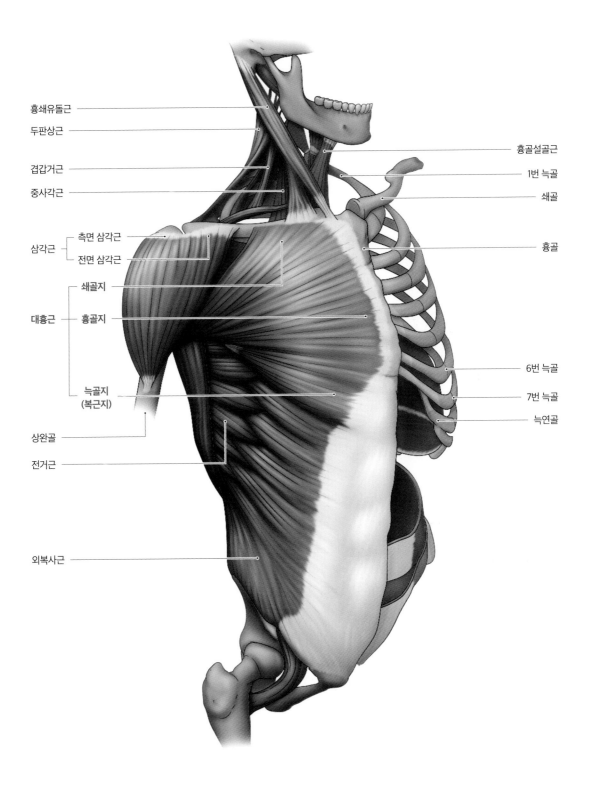

흉쇄유돌근

두판상근

겹갑거근

중사각근

삼각근 — 측면 삼각근

전면 삼각근

대흉근 — 쇄골지

흉골지

늑골지
(복근지)

상완골

전거근

외복사근

흉골설골근

1번 늑골

쇄골

흉골

6번 늑골

7번 늑골

늑연골

을 위에서 아래로 감싸는 동작과 관련이 있다. 쇄골지는 삼각근 전면 섬유와 연접해 있고 삼각근의 기능인 팔을 들어 올릴 때 대흉근의 쇄골지가 지원한다. 이 말은 곧 삼각근 운동을 할 때나 대흉근 쇄골지(윗가슴) 운동을 할 때는 삼각근 전면 섬유와 대흉근 쇄골지가 항상 함께 운동한다는 것이다. 기능 면에서 자세히 살펴보면 어떤 근육이 움직일 때 항상 길항 관계(서로 상반되는 작용을 동시에 하는 관계)에 있는 근육이 있는데, 대흉근의 길항근은 승모근과 광배근이다. 대흉근이 팔을 이용해 앞으로 끌어모을 때, 반대로 팔을 이용해 뒤로 끌어모으는 근육도 있는데 이게 바로 광배근이다. 광배근은 팔과 팔의 관계에서 대흉근과 길항 관계이고, 승모근은 견갑골을 지배하는 근육으로써 대흉근이 팔을 써서 움직일 때 승모근은 견갑골을 안정화시키면서 대흉근을 지원하게 된다. 견갑골과 팔의 관계에서 길항 관계가 되는 것이다. 그래서 전체적으로 보면 대흉근이 운동을 하거나 움직일 때 뒤에서는 승모근과 광배근이, 앞에서는 흉쇄유돌근과 복근이, 그리고 옆으로는 전거근이 함께 한다고 생각하면 된다.

숄더 패킹과 어깨 부상

견갑골이 후인하강(날개뼈를 뒤로 모으고 아래로 내리는 동작) 하는 것을 뜻하는 '숄더 패킹'에 대해서는 의견이 분분하다. 가슴 운동을 할 때 숄더 패킹을 많이 하는 이유는 견갑골을 후인하강해서 견관절을 안정시키기 위해서다. 그런데 먼저 염두에 둬야 할 점이 있다. 바로 보디빌딩의 본질이 무엇이냐 하는 점이다.

모든 근육에는 주동근, 협응근, 길항근이 있다. 근육은 절대 혼자 움직이지 못한다. 동작을 취할 때 주가 되는 주동근, 주동근을 보조하는 협응근, 주동근의 반대되는 길항근이 함께 움직이는 것이다. 가슴 운동을 예로 들면, 주로 쓰이는 근육인 대흉근이 주동근이다. 삼각근과 삼두박근은 협응근이고, 승모근은 길항근이다. 가령 벤치 프레스를 할 때 대흉근이 이완되면 승모근은 단축된다. 길항근은 무조건 주동근과 상반되는 작용을 한다.

보디빌딩은 근성장에 그 목적이 있다. 반면에 파워리프팅이나 크로스핏 같은 운동은 보디빌딩과 사용하는 기구와 운동 동작은 같지만 그 목적이 완전히 다르다. 파워리프팅이나 크로스핏은 온몸의 모든 근육을 사용해서 중량을 많이 들거나 횟수를 많이 하는 운동이다. 따라서 주동근, 협응근, 길항근 구분 없이 모든 근육을 사용하여 그 목적을 달성하면 된다. 하지만 보디빌딩은 다르다. 근성장을 위해서는 협응근과 길항근의 개입을 최소화하고 주동근에 최대한 많은 자극을 줘야 한다.

그런데 숄더 패킹을 과도하게 하면 어떻게 될까? 주동근의 움직임, 협응근의 도움, 길항근의 상반되는 역할이 동시에 일어나면서 삼위일체가 이루어져야 하는데, 숄더 패킹을 하면 주동근 보다 길항근과 협응근에 먼저 힘이 실린다. 즉, 벤치 프레스를 할 때 숄더 패킹을 하기 위해 견갑골을 후인하강 하다 보면 길항근인 승모근이 먼저 단축되면서 수축된다. 우리 몸은 항상 먼저 힘을 쓰는 곳에 자극이 먼저 간다. 따라서 밀어 올릴 때도 등(승모근)에서 먼저 힘을 쓰면서 가슴이 아닌 어깨로 밀게 된다. 그러면 대흉근보다 승모근과 어깨 근육에 먼저 자극이 가고 또한 어깨를 많이 쓰다 보니 오히려 견관절이 더 불편해지게 되는 것이다. 결과적으로 운동 가동 범위는 줄어들고 근성장을 저해하며 잦은 어깨 부상을 초래한다.

그렇다고 해서 숄더 패킹이 무조건 안 좋다는 것은 아니다. 숄더 패킹을 하더라도 정확한 메커니즘을 알고 해야 한다. 즉, 벤치 프레스에서 숄더 패킹을 할 때는 길항근인 승모근에 힘을 주는 게 아니라 빼면서 해야 한다. 웨이트 트레이닝은 '저항'의 개념을 잘 이해해야 한다. 저항은 주동근에서 일어나야 하는데, 숄더 패킹을 하면서 길항근에서 먼저 일어나게 만드는 것이 실수인 것이다. 물론 숄더 패킹을 한다고 해서 항상 그런 것은 아니지만 대부분 견갑골의 후인하강에 너무 신경 쓰다 보면 길항근인 승모근에 너무 힘이 들어가서 등이 아프거나 어깨가 불편해진다.

'수축'의 개념에 대한 이해도 마찬가지다. 일반적으로 수축이라고 하면 근육이 짧아지는 것만 생각하는데 그렇지 않다. 이두박근 운동을 예로 들면, 짧아졌을 때를 단축성 수축이라 하고 저항하면서 펼 때를 신장성 수축이라 한다. 따라서 올바른 수축의 개념은 근육이 긴장돼 있는 상태라고 생각하면 된다.

저항을 올바르게 하는 방법은 원리를 이해하면 간단하다. 높은 곳에서 무거운 물건을 내릴 때는 온몸에 힘을 주면서 팔과 어깨로 버티면서 내리는 게 아니라, 어깨 힘을 부드럽게 빼면서 물건을 자연스럽게 내려야 한다. 벤치 프레스를 할 때도 마찬가지로 벤치에 누워 견갑골과 엉덩이를 벤치에 붙이고 명치를 살짝 들어 '아나토미 자세'를 취한다. 이때 허리 부분을 너무 띄워서 요추가 과도한 전만이 되지 않게 한다. 과도한 전만은 오히려 척추기립근에 자극이 가면서 등에 힘이 들어가게 된다. 바벨을 내릴 때는 등과 어깨에 힘을 주면서 버티는 게 아니라 힘을 부드럽게 빼면서 몸쪽으로 가볍게 받아주는 느낌으로 하는 것이다. 그리고 중량 욕심도 너무 내지 말자. 처음부터 너무 무거운 중량을 들다 보면 등과 어깨로 버티는 습관이 생기기 쉽다. 근성장을 위해 무엇보다 중요한 것은 중량 보다 올바른 자극이다.

인클라인 벤치 프레스

가슴 운동은 인클라인 벤치 프레스부터 하는 것을 추천한다. 대부분 윗가슴이 약한데 그 이유는 대흉근 중에서 쇄골지가 작게 자리 잡고 있기 때문이다. 이 점을 보완하기 위해서 '선피로 훈련의 원칙'을 적용한다. 즉, 먼저 인클라인 벤치 프레스로 쇄골지 운동을 하고, 그다음 흉골지를 위한 플랫 벤치 프레스를 하면 쇄골지는 계속 펌핑 상태가 유지된다. 따라서 처음 운동했던 윗가슴은 계속해서 운동이 되면서 약점을 보완하게 된다. 벤치 프레스를 할 때 주동근인 대흉근에 자극을 잘 느끼려면 바벨을 계란이나 유리잔을 잡듯이 살며시 잡아 팔 힘을 빼고, 내릴 때는 중량을 등과 어깨로 버티지 말고 몸쪽으로 부드럽게 받아서 밀어준다. 힘으로 버티면 등과 어깨에 힘이 들어가면서 대흉근에는 자극이 덜 가고 어깨 부상의 위험도 있다.

① 인클라인 벤치에 누워 양팔로 바벨을 잡는다. 엉덩이는 벤치 뒤에 붙이고 명치만 살짝 들어 허리 뒤쪽 공간을 자연스럽게 조금 띄워 요추 전만 자세를 취한다.

⊕ TIP

어깨 통증이 느껴진다면

바벨을 쇄골 쪽으로 내릴 때 어깨 통증
이 느껴진다면 벤치를 조금 뒤로 밀고
누워 바를 쇄골보다 더 아래쪽으로 내
려준다.

바 위치가 쇄골보다
더 아래쪽

② 바벨을 턱 바로 아래쪽(쇄골 쪽)으로 내린다. 이때 손과 승모근(길항근)에
힘을 주지 말고 양팔꿈치가 수직을 이룰 때까지 내린 다음 다시 위로 밀어 올린다.
동작 중에는 일정한 힘을 유지해야 이완과 수축이 최대로 일어난다.

그립의 너비

가슴 운동은 '직각'을 기억하자. 바벨을 잡고 내릴 때 팔이 거의 직각에 가까운 것이 좋다. 너무 넓게 잡으면 오히려 어깨에 부담이 갈 수 있다. 따라서 어깨가 안 좋은 사람은 약간 좁게 잡는 것이 좋다. 그리고 바벨을 내렸을 때 팔꿈치를 살짝 앞으로 내밀면 어깨 부담이 줄어든다.

팔 각도
직각 상태

OK

팔 각도
벌어진 상태

NG

가슴 운동과 흉쇄유돌근

목에는 시선을 항상 수평으로 잡아주는 근육인 흉쇄유돌근이 있다. 선 상태에서 목을 옆으로 돌리면 흉골, 쇄골, 그리고 귀 뒤쪽의 유양돌기로 이어지는 근육이 만져지는데 그것이 바로 흉쇄유돌근이다. 프레스를 할 때 턱을 가슴 쪽으로 약간 당기고 그 상태에서 고개를 살짝 들면 흉쇄유돌근에 힘이 들어간다. 그 상태에서 바벨을 내리면 대흉근이 잘 늘어나면서 신장성 수축감이 잘 느껴진다. 단, 고개를 들 때 너무 힘을 주면 일자목이나 디스크 발생 위험이 있다. 다시 한번 강조하지만 고개는 살짝 든다. 흉쇄유돌근 자체에 힘을 주면서 버티지 않는다.

고개를 살짝 든다.

운동을 오래 한 선수들을 보면 바벨을 몸쪽으로 최대한 내렸다가 마지막에 힘을 빼면서 '탕' 치며 반동을 이용하여 밀어 올리는 동작을 많이 한다. 하지만 초보자는 이 동작을 따라 하지 않는 것이 좋다. 정석대로 일정한 힘으로 동작을 해야 몸 전체에 자극이 골고루 전달된다. 이것이 올바른 운동 습관이다.

플랫 벤치 프레스

플랫 벤치 프레스는 바벨을 내리는 위치가 인클라인 벤치 프레스와 조금 다르다. 인클라인 벤치 프레스는 쇄골 부근으로 내리지만 플랫 벤치 프레스는 젖꼭지 선상으로 내린다. 바벨을 쇄골 부근으로 내리면 대흉근 이완이 많이 되지만 바벨을 내리는 위치를 위쪽으로 잡을수록 어깨 근육의 개입이 많아져 삼각근이 많이 긴장되어 대흉근의 운동 효과는 떨어진다. 다시 한번 강조하지만 바벨을 내릴 때는 등(승모근)과 어깨, 팔로 버티지 말고 명치를 살짝 들고 몸에 힘을 빼면서 부드럽게 몸쪽으로 받아줘야 한다. 숄더 패킹을 해서 견갑골을 고정시키지 말고 견갑골이 자연스럽게 살짝살짝 움직이도록 해야 한다.

① 엉덩이와 견갑골은 벤치에 밀착시키고 허리 뒤쪽은 살짝 뜨게 한다(요추 전만 자세).
바벨을 어깨너비보다 약간 넓게 잡고, 팔은 완전히 펴고 바벨이 가슴 위쪽에 오도록 한다.

② 바벨을 젖꼭지 선상으로 내린다. 이때 팔꿈치는 수직 방향으로 내린다. 그다음 다시 바벨을 곧게 밀어 올린다. 동작 중에는 계속해서 등(승모근), 어깨, 팔 힘을 빼서 견갑골이 부드럽게 움직이게 해야 한다. 그래야 전완근과 삼두박근에 힘이 들어가지 않고 협응근의 개입을 최소화 할 수 있다.

❶ CAUTION

동작 중에 목과 턱에 지나치게 힘을 주지 않도록 한다. 길항근과 협응근 쪽에 너무 힘을 주면 숄더 패킹을 하는 것과 비슷하다. 아무리 무거운 중량을 다루더라도 아나토미 자세를 유지하면서 부드럽고 자연스럽게 동작을 취하도록 한다.

➕ TIP

팔에 힘을 뺐는데도 팔꿈치가 아프다면

플랫 벤치 프레스를 할 때 팔꿈치 통증이 생기는 이유는 팔로 버티기 때문이다. 만약 팔에 힘을 뺐는데도 팔꿈치 안쪽이 아프다면 '외반주'를 의심해야 한다. 거울 앞에 서서 양팔을 곧게 펴보자. 팔꿈치 아랫부분이 바깥쪽으로 휘어 있다면 외반주이다. 벤치 프레스를 할 때 외반주인 사람들 대부분은 팔꿈치 안쪽 부분의 삼두박근 힘줄이 걸리거나 튕겨지는 느낌이 자주 든다. 이는 삼두박근 힘줄이 너무 긴장되어 있기 때문이다. 그럴 경우 바벨을 내릴 때 팔을 좀 더 내회전한다. 즉, 바벨을 내릴 때 팔꿈치를 수직에서 좀 더 뒤쪽으로 빼는 느낌으로 하면 팔꿈치 통증이 사라진다.

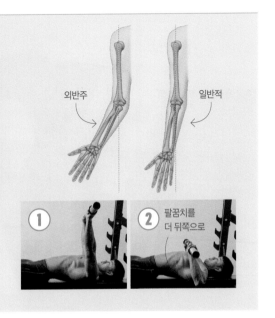

인클라인 덤벨 프레스

인클라인 벤치 프레스와 마찬가지로 약한 쇄골지를 보완하기 위해서 '선피로 훈련의 원칙'을 적용한다. 즉, 먼저 인클라인 덤벨 프레스로 쇄골지 운동을 하고, 그다음 흉골지를 위한 플랫 벤치 프레스를 하면 쇄골지는 계속 펌핑 상태가 유지된다. 윗가슴 운동을 계속 시키고 있다고 생각하면 된다. 다만 인클라인 덤벨 프레스를 반드시 먼저 해야 하는 것은 아니다. 플랫 벤치 프레스를 먼저 하는 사람은 그렇게 해도 무방하다.

① 인클라인 벤치에 누워 덤벨을 잡고 팔을 뻗어 덤벨을 가슴 위쪽에 위치시킨다. 엉덩이는 벤치 뒤에 붙이고 명치만 살짝 들어 허리 뒤쪽 공간을 자연스럽게 조금 띄워 요추 전만 자세를 취한다.

! CAUTION

덤벨을 내렸을 때 양 덤벨을 연결하면
일자 바 모양이 되어야 한다. 바벨 벤
치 프레스와 똑같은 자세이다.

2 덤벨을 양팔꿈치와 전완이 수직을 이루는 지점까지 내린다. 이때 손과 승모근(협응근),
어깨 힘을 빼면서 덤벨을 몸쪽으로 부드럽게 받아준다. 그다음 다시 위로 밀어 올린다.
동작 중에는 일정한 힘을 유지해야 이완과 수축이 최대로 일어난다.

알아두면 좋은 올바른 자세

인클라인 덤벨 프레스는 팔의 위치와 각도가 매우 중요하다. 벤치에 앉아 덤벨을 들었다가 팔꿈치를 내릴 때 상완골이 내회전하면 수직이 된다. 이때 자칫 팔꿈치가 살짝 앞이나 뒤로 갈 수 있다. 자, 위에서 누가 누른다고 하면 어떤 위치와 각도에서 버텨야 가장 강한 힘을 낼 수 있을까? 아마 수직으로 세운 상태일 것이다. 운동할 때도 마찬가지다. 될 수 있으면 팔을 수직으로 세운 상태에서 해야 한다. 그리고 팔꿈치는 항상 직각을 유지해야 한다.

팔꿈치가 수직

한편 덤벨을 들어 올리기 위해 내리는 동작 마지막에 힘을 뺐다가 덤벨을 튕기듯이 밀어 올리는데, 그렇게 하면 순간적으로 대흉근의 긴장이 풀리면서 등과 어깨로 밀어 올리게 되어 어깨에 자극이 먼저 간다. 이런 경우 대흉근 이완은 많이 될지 몰라도 어깨에 자극이 많이 가게 되어 대흉근 운동 효과는 떨어지고 어깨 부담이 가중되어 부상 위험이 높다.

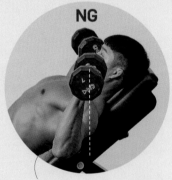
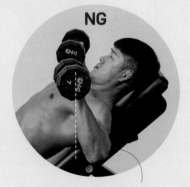

NG

NG

팔꿈치 위치가 앞으로 나간 상태

팔꿈치 위치가 뒤로 빠진 상태

올바른 자세인데 어깨 통증이 느껴지는 경우

원칙은 팔을 수직으로 내리고 팔꿈치는 직각을 유지하는 것이다. 단, 덤벨을 내릴 때 팔꿈치를 무리하게 직각을 유지하거나 직각보다 넓게 벌리면 견관절이 부담을 받아 어깨 통증이 생길 수 있다. 이런 경우에는 팔꿈치를 살짝 앞으로 내밀어 주고 전완근은 수직을 유지한 채 팔꿈치 각도를 살짝 좁혀준다. 앞 어깨 개입은 많아져도 극하근에는 무리가 덜 가게 되어 어깨가 편해진다.

NG

팔꿈치가 직각보다
넓게 벌어진 상태

NG

팔꿈치가 과도한 직각 및
내회전한 상태

체스트 프레스

체스트 프레스는 앉아서 하는 벤치 프레스 운동으로 내회전하여 그대로 앞으로 밀면 된다. 가슴 운동에서는 내회전이 매우 중요한데, 내회전이란 '상완골이 안쪽으로 도는 것'을 의미한다. 그런데 이러한 개념은 어려우니 프레스 같은 운동을 할 때 팔의 각도를 직각으로 만든다고 기억하자. 팔을 직각으로 만들면 내회전은 자연스럽게 된다.

① 머신에 기댄 상태에서 손잡이를 유리잔 잡듯이 가볍게 잡는다. 엉덩이는 벤치 뒤에 붙이고 명치만 살짝 들어 허리 뒤쪽을 살짝 띄워 요추 전만 자세를 취한다.

❶ CAUTION

손에 힘을 강하게 주면 주동근인 대흉근 보다 협응근인 삼각근과 삼두박근에 힘이 많이 들어간다. 대흉근에 자극이 가기 전에 삼각근과 삼두박근에 먼저 과부하가 걸릴 수 있다는 뜻이다. 체스트 프레스를 하는데 주동근이 아닌 협응근이 운동되는 느낌을 받는 이유도 이 때문이다. 따라서 동작 중에 손아귀 힘을 빼는 것이 중요하다. 손잡이를 마치 유리잔을 쥐듯이 살며시 잡자.

② 팔을 수직으로 당기면서 몸쪽으로 받았다가 그대로 밀어준다.

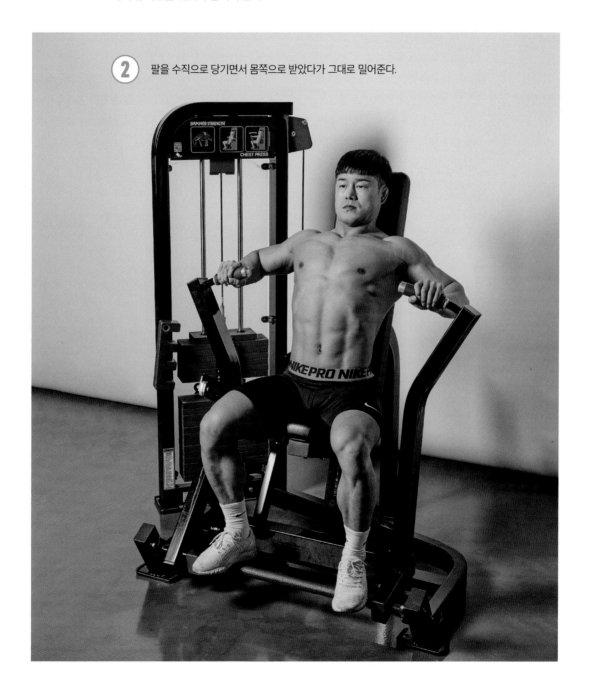

덤벨 플라이

덤벨 플라이는 보기 보다 쉽지 않은 운동이다. 따라서 초보자의 경우 정확한 동작을 숙지하는 것이 매우 중요하다. 모든 부위의 운동에는 투 조인트 운동과 원 조인트 운동이 있다. 투 조인트 운동은 2개 이상의 관절을, 원 조인트 운동은 1개의 관절을 사용하는 운동이다. 투 조인트 운동은 원 조인트 운동보다 사용되는 관절수가 많다 보니 여러 근육이 동원되어, 원 조인트보다 더 큰 힘을 쓸 수 있고 더 많은 중량을 들어 올릴 수 있다. 주로 운동 순서는 투 조인트 운동을 먼저 하고 원 조인트 운동을 하는 것이 일반적이다.

보통 덤벨 플라이는 투 조인트 운동으로 하는데 원 조인트 운동으로 하길 권한다. 동작은 덤벨을 잡고 벤치에 누워서 팔을 바깥쪽으로 활짝 펴면서 대흉근을 스트레칭하는 느낌으로 한다. 단, 이두박근에 염좌가 생길 수 있으므로 팔꿈치를 완전히 펴면 안 된다. 따라서 손목을 안으로 살짝 말고 팔꿈치도 살짝 굽힌다. 팔을 내릴 때는 프레스 동작과 마찬가지로 등과 어깨 힘을 빼면서 내려준다. 호흡을 길게 들이마시면서 내리면 등과 어깨에 자연스레 힘이 빠지면서 동작이 부드러워지고 대흉근이 늘어나 신장성 수축감을 잘 느낄 수 있다. 덤벨을 잡은 손이 몸통과 일직선이 될 때까지 내렸다가 지그시 들어 올리면 된다. 동작을 수행할 때는 내릴 때나 올릴 때 항상 속도가 일정해야 한다. 속도가 일정하다는 것은 곧 힘이 일정하다는 뜻이다.

① 벤치에 편하게 누워 덤벨을 잡는다. 덤벨은 계란을 쥐듯이 가볍게 잡고 가슴 높이에서 위로 뻗어준다.

⚠ CAUTION

덤벨 플라이를 하면 어깨 통증이 자주 생기는데, 그 이유는 덤벨을 들고 팔을 벌리는 동작이 불안정하기 때문에 심리적으로 어깨에 힘을 주기 때문이다. 힘을 주면 줄수록 관절에는 무리가 가해진다. 따라서 의식적으로 목, 어깨, 그리고 견갑골에 힘을 빼야 한다. 특히 내릴 때 견갑골에 힘을 빼면서 호흡을 깊이 들이마시면 몸에 힘이 자연스레 빠지면서 동작도 부드러워지며 자극감도 잘 느끼게 된다.

② 덤벨 잡은 손을 바깥쪽으로 활짝 벌린다. 이때 이두박근에 무리가 가지 않게 팔꿈치를 약간 구부린다. 그다음 굵은 나무를 껴안듯이 이두박근을 가슴에 최대한 붙이며 덤벨을 들어 올린다.

덤벨을 내리면서 팔을 벌릴 때 덤벨의 적절한 위치는 두 덤벨이 눈과 수평이 되는 지점이다. 몸과 팔꿈치가 일직선이 되도록 한다고 생각하고 동작을 수행하자. 덤벨이 눈보다 높은 위치에 오면 어깨 개입이 많아지고 반대로 낮은 위치에 오면 어깨 부상 위험이 있다.

OK

➕ TIP

대흉근 자극을 높이는 방법

힘든 동작이기 때문에 아무 생각 없이 팔만 왔다 갔다 하기 쉬운데, 무엇보다 중요한 건 운동의 목적이다. 덤벨 플라이는 대흉근을 최대한 이완시키고 수축시키는 운동이다. 그러려면 덤벨을 모아줄 때 이두박근을 가슴에 붙이듯이 해야 자극을 잘 느낄 수 있다. 대흉근은 쇄골과 흉골, 그리고 늑골에서 시작하여 상완골(이두박근 밑)에 붙어 있다. 그러므로 이두박근의 부착 지점이 최대한 멀어졌다가 최대한 가까워지는 것이 핵심이다.

케이블 크로스 오버

케이블 크로스 오버는 투 조인트 운동으로 해도 상관없으나 프레스 운동들을 모두 투 조인트 운동으로 했으니 원 조인트 운동으로 해보자. 원 조인트 운동으로 할 때는 대흉근을 최대한 고립시키기 위해 견관절만 사용한다. 케이블 크로스 오버는 덤벨 플라이와 똑같다고 보면 된다. 다만 덤벨 플라이는 누워서 하고, 케이블 크로스 오버는 케이블 손잡이를 잡고 허리를 숙이고 한다.

① 양손으로 케이블 손잡이를 잡고 선다. 양발은 이깨너비 정도로 벌리고, 상체는 명치를 살짝 들고 허리는 앞으로 숙여준다.

❗ CAUTION

케이블은 손으로 잡고 있지만 손이 아닌 팔꿈치(이두박근)로 당긴다고 생각해야 한다. 케이블 손잡이를 덤벨이라 생각하고 덤벨을 잡고 그대로 안는다고 생각하자. 덤벨 플라이와 마찬가지로 팔을 벌렸다가 안는 동작에서 이두박근을 가슴에 최대한 붙이면 자극을 잘 느낄 수 있다. 결국 덤벨 플라이와 같은 운동이다.

➕ TIP

새의 날개짓처럼 크고 여유롭게

케이블 크로스 오버 동작은 '새의 날갯짓'을 상상하자. 케이블은 당길 때나 정점에서 놓을 때나 늘 일정하게 힘을 줘야 한다. 케이블을 펼 때는 양팔꿈치를 옆으로 멀리 보낸다는 느낌으로 동작을 크게 하고, 팔이 다 벌어졌을 때 몸을 살짝 일으키면서 놔주면 동작이 잘 된다. 그리고 케이블을 당길 때도 바로 힘을 주지 말고 몸을 살짝 누르면서 힘을 주면 동작이 잘 나온다. 늘 부드럽게 힘을 빼야 한다는 점을 명심하자.

② 양팔로 굵은 나무를 끌어안는 느낌으로 케이블을 당긴다.
이때 상완골은 내회전한다. 그다음 천천히 시작 자세로 돌아간다.

❗ CAUTION

동작 중에는 팔꿈치를 굽혔다 폈다 하지 말고 살짝 굽힌 상태를 유지한다. 그 상태에서 견관절만 쓰이게 해야 한다. 케이블 크로스 오버를 원 조인트 운동으로 하기 때문이다.

❗ CAUTION

자극은 근섬유 방향대로 가해진다. 팔을 수평으로 벌렸다 당기면 중간 가슴(흉골지) 운동이 되고, 팔을 밑에서 위로 올리면 윗가슴(쇄골지) 운동이 된다. 운동과 근육의 원리를 이해하고 대흉근을 고루 발달시키자.

자세가 잘 안 나올 경우

선 상태에서 상체를 기울이는 것이 기본인데, 자세가 잘 안 나오거나 중심이 잘 안 잡히면 앉아서 해도 상관없다. 무릎을 꿇으면 하체에 안정감이 생겨 자세가 잘 나온다.

몸을 이용하면 협응근이 개입한다?

몸이 케이블을 일부 당기는 것은 사실이다. 다만 시작만 도와줄 뿐 케이블 크로스 오버가 운동이 되는 부분은 팔을 당겨서 모아줄 때이다. 즉, 운동이 되는 동작에선 협응근이 개입되지 않는다. 따라서 협응근이 개입되는 것도, 반동을 치는 것도 아니다. 몸을 유연하게 이용하는 것뿐이다.

딥스

딥스는 투 조인트 운동이다. 딥스를 하면 부상이 아닌데도 어깨 통증이 자주 발생하는데 어깨가 망가졌다고 느낄 정도로 통증이 심한 경우도 있다. 그 원인은 길항근과 협응근에 지나치게 힘을 주기 때문인데, 특히 숄더 패킹을 잘못하면 동작이 더 힘들어진다. 근육이 움직이는 대로 자연스럽게 하면 관절에 큰 무리가 생기지 않는다. 앞서 얘기했듯이 숄더 패킹을 하지 말고 몸에 힘을 빼고 자연스럽게 해보자.

①

딥스 머신 바를 잡고 올라가 명치를 살짝 들고 엉덩이는 뒤로 조금 빼고 아나토미 자세를 취한다. 손, 전완근, 어깨에 힘을 빼고 중심을 잘 잡는다.

! CAUTION

시작 자세에서 어깨에 힘을 주지 말고 편안하게 한다. 그리고 몸은 너무 곧게 세우지 않는 게 좋다. 너무 세우면 삼두 박근과 어깨에 자극이 많이 간다. 앞으로 살짝 엎드린 느낌으로 하자.

②

팔꿈치를 부드럽게 구부려
대흉근을 이완시킨다. 그다음
손잡이를 밀어내며 몸이
자연스럽게 올라가도록 한다.

❗ CAUTION

올라갈 때는 상체가 올라가는 것이 아니
라 손바닥으로 손잡이를 밀어내면서 작
용 반작용으로 자연스럽게 올라가야 한
다. 벤치 프레스 동작과 같은 원리이다.

➕ TIP

올바른 자세 체크 방법

딥스를 제대로 하고 있는지 확인하는 간단한 방법이 있다. 몸이 내려간 상태에서 잠시
멈춰 있을 수 있어야 올바른 자세이다. 이 동작이 잘되면 힘을 빼고 부드럽게 하고 있
다는 증거이다. 즉, 숄더 패킹을 하지 않고 부드럽게 운동하고 있는 것이다. 만약 등이
나 어깨에 힘이 들어가 있으면 어깨가 불편해서 멈춰 있을 수 없다. 한 번 더 강조하지
만 몸에 힘을 빼야 한다.

내려갈 때 팔꿈치를 붙여야 할까 벌려야 할까?

팔꿈치는 약간 벌어지는 것이 맞다. 벌어진다는 것은 곧 내회전을 뜻한다. 덤벨 프레스에서 설명했듯이 가슴 운동을 할 때 팔은 내회전을 해야 대흉근에 자극이 가해진다. 올라갈 때는 팔꿈치를 살짝 덜 펴고 대흉근에만 힘을 주면 된다. 팔에 힘을 주고 완전히 펴버리면 삼두박근에 힘이 많이 들어간다.

팔꿈치가
약간 벌어졌다.

덤벨 풀오버

풀오버는 밑가슴(늑골지)뿐만 아니라 등(광배근)에도 자극이 간다. 풀오버를 할 때 대부분의 사람들은 팔을 뒤로 내리는 동작을 어려워하는데, 그 이유는 길항근인 승모근에 먼저 힘을 주기 때문이다. 힘이 잔뜩 들어간 어깨가 버티고 있으니 팔을 내릴 수 없다. 또한 늘 강조하지만 동작은 편안해야 한다. 목과 어깨에 힘을 빼고 자연스럽게 팔을 머리 뒤로 넘겨보자. 목에 힘을 줘도 승모근 상부에 힘이 들어가 어깨에 영향을 미칠 수 있다.

① 벤치에 누워 양손으로 덤벨을 잡는다. 이때 목에 힘을 빼야 어깨 힘도 자연스럽게 빠진다.

② 팔꿈치를 굽히면서 머리 뒤쪽으로 덤벨을 내린다. 덤벨은 머리카락을 살짝 스치듯이 내린다. 이때 양팔은 옆으로 자연스럽게 벌린다.

❗ CAUTION

팔을 내릴 때 양팔을 완전히 펴고 내리면 가슴이나 삼두근에도 자극이 가지만 광배근에 자극이 더 많이 간다. 즉, 등 운동을 목적으로 할 때에는 양팔을 완전히 펴고 하는 것이 좋다. 그러나 대흉근 자극을 목적으로 한다면 팔을 내릴 때 어깨에 힘을 빼고 팔꿈치를 약간 굽히면서 내려야 한다.

! **CAUTION**

보통 견갑골의 움직임이 불안정하거나 견관절에 통증이 있는 사람은 숄더 패킹을 하면 견갑골과 견관절이 안정된 동작을 하는 데 도움이 된다. 그런데 풀오버는 견갑골이나 견관절이 안 좋으면 굳이 하지 말자. 자칫 어깨가 굉장히 아플 수 있다.

③ 덤벨 면이 천정을 향해 그대로 올라가듯이 똑바로 들어 올린다.
이때 복근지에 자극이 간다. 그다음 양팔은 자연스럽게 내회전하면서 들어 올린다.

CHAPTER

05

등
운동

등 근육의 구조

WORKOUT #01 랫 풀다운

WORKOUT #02 풀업

WORKOUT #03 시티드 로우

WORKOUT #04 암 풀다운

WORKOUT #05 벤트 오버 바벨 로우

WORKOUT #06 T바 로우

WORKOUT #07 원 암 덤벨 로우

WORKOUT #08 데드리프트

WORKOUT #09 팬들레이 로우

WORKOUT #10 바벨 슈러그

WORKOUT #11 덤벨 슈러그

등 근육의 구조

광배근

등에서 가장 넓은 면적을 차지하고 있는 광배근은 상체에서 가장 큰 근육으로 척주와 팔을 연결하는 V자 모양이다. 광배근은 등과 팔에 큰 힘을 쓸 수 있게 하고 승모근과 더불어 척주를 보호하며 상체를 안정화시키는 기능을 한다. 승모근은 등 상부를, 광배근은 등 하부를 이루는데 승모근은 등 중심을, 광배근은 몸통 측면을 이룬다.

광배근은 천골(엉치뼈)에서 시작해 장골과 요추 1~5번, 흉추 7~12번을 지나 팔에 붙어 있는데, 척주에서는 넓게 퍼져 있다가 점점 좁아지면서 하부늑골과 견갑골 하각 부분, 겨드랑이 밑을 지나 상완골에 붙어 있고 이를 삼두박근이 덮고 있다. 요추와 흉추에서 옆구리 부분을 지날 때는 늑간에 붙어 늑골을 지배하며 하부늑골을 지지하고 고정시킨다. 이는 곧 광배근은 허리 힘도 힘이지만 옆구리 힘도 강하게 쓴다고 이해하면 된다. 회전력, 즉 회전하면서 강한 힘을 내는 것이다.

씨름 선수가 들배지기를 할 때 상대 선수를 배 높이까지 팔로 힘껏 당긴 다음 몸통을 옆으로 돌리면서 넘어뜨리는데 이때 쓰는 힘이 바로 광배근 힘이다. 또한 팔 힘을 쓸 때는 광배근이 장골과 요추, 흉추, 하부늑골을 안정화시켜야 힘을 제대로 쓸 수 있다. 반대로 광배근 힘이 너무 과하거나 팔 힘을 제대로 못쓰면 허리나 견갑골 하각, 옆구리 쪽에 통증이 생길 수 있다. 김장철에 주부들이 김장을 하고 난 뒤 허리가 아프거나 담이 잘 걸리는데 이게 바로 광배근 요통이다. 팔을 넓게 벌려 김장독이나 고무 대야 같이 무겁고 큰 물건을 들면 광배근이 많이 이완된 상태에서 힘을 쓰게 되므로 광배근에 큰 부담이 가고 다음날 허리가 아프거나 옆구리에 담이 걸리는 것이다.

모든 근육들이 그렇지만 특히 광배근은 운동을 하지 않으면 근력 약화가 현저히 나타난다. 근육은 약화가 시작되면 그 근육이 붙어 있는 양 끝부분에 노폐물과 지방이 많이 쌓이는데, 광배근도 양 끝부분인 허리와 옆구리, 그리고 삼두박근 아래쪽에 지방이 많이 쌓이게 된다. 우리 몸의 상체를 날씬하고 아름답게 만들려면 허리와 옆구리에 지방이 없어야 하는데 해결책이 바로 광배근에 있다. 또한 여성들의 고민인 팔뚝살도 삼두박근이 원인이지만 근본적으로 광배근을 먼저 다스려야 팔뚝살도 뺄 수 있다. 진정 뒤태를 날씬하고 아름답게 만들고 싶다면 광배근 운동을 정확하게 해야 한다.

모든 근육에는 해부학적으로 고유의 기능이 있다. 우리가 웨이트 트레이닝을 할 때 근육은 이완과 수축을 반복하면서 중량에 저항을 하며 힘을 쓰는데, 이때 근육은 고유의 기능대로 움직이면서 이완과 수축을 해야 그 근육의 정확한 운동을 할 수 있다. 62페이지의 사진에서 보듯이 광배근은 3가지 기능이 있는데, 상완골이 몸통에 붙는 내전 기능, 상완골이 몸통 뒤쪽으로 가는 신전 기능, 상완골이 안쪽으로 도는 내회전 기능이다. 광배근의 수축은 내전에서 강하게 일어나지만 운동을 하면서 팔을 당길

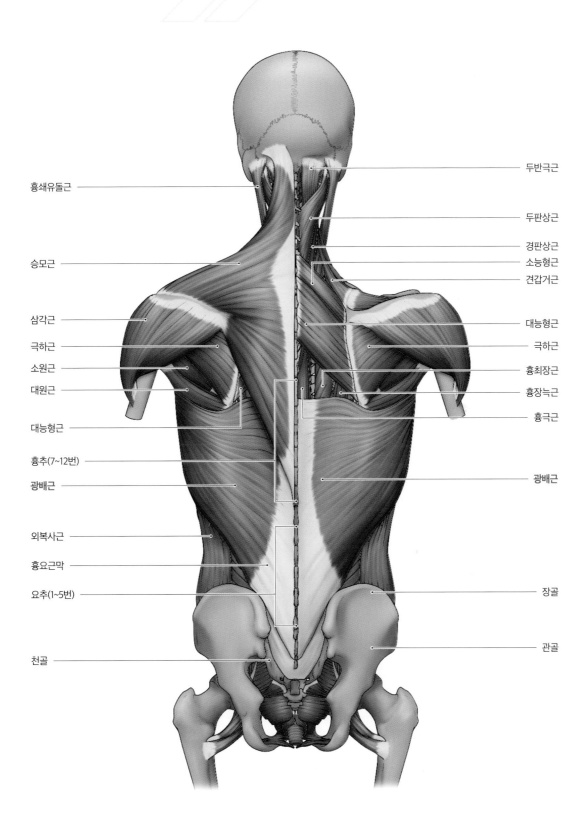

흉쇄유돌근

승모근

삼각근

극하근

소원근

대원근

대능형근

흉추(7~12번)

광배근

외복사근

흉요근막

요추(1~5번)

천골

두반극근

두판상근

경판상근

소능형근

견갑거근

대능형근

극하근

흉최장근

흉장늑근

흉극근

광배근

장골

관골

때 상완골을 내회전하면서 당기면 더 강하게 수축된다. 앞서 부착 부위를 설명했듯이 광배근은 천추, 요추, 흉추를 거쳐 겨드랑이 밑을 지나 상완골 안쪽에 붙어 있다. 따라서 광배근을 이용해 팔을 당기면 상완골이 살짝 안으로 돌게 된다. 이것이 바로 광배근의 내회전 기능이다. 회전이라고 해서 뼈가 확 도는 게 아니라 안으로 살짝 도는 것이다.

내전   신전   내회전

➕ TIP

덤벨 풀오버로 광배근 풀어주기

덤벨 풀오버는 밑가슴 운동에도 좋지만, 광배근을 풀어주는 데에도 굉장히 좋다. 덤벨 풀오버는 견갑골을 지지해주는 근육 중의 하나인 전거근을 활성화하여 견갑골을 안정화시킬 뿐만 아니라, 견관절의 움직임도 부드럽게 하고 길항근인 대흉근을 스트레칭해줘 가슴을 열어주는 동작도 훨씬 수월해진다. 그래서 필자는 등 운동 전에 풀오버를 추천한다. 꼭 덤벨을 사용하지 않아도 맨손으로 몇 세트 하고 광배근 운동으로 넘어가는 것을 적극 추천한다.

덤벨 풀오버 방법

벤치에 누워 덤벨 또는 바벨을 잡고 머리 뒤쪽으로 내리는 운동이 풀오버이다. 가슴 운동으로 할 때는 팔꿈치를 굽히면서 머리카락을 살짝 스치듯이 넘기는 게 좋다. 반면에 광배근을 풀어 줄 때는 팔꿈치를 거의 펴다시피 하되 살짝만 굽히고 한다. 누워서 기지개를 켠다고 생각하면 쉽다. 스트레칭 효과가 매우 좋다. 단, 머리 뒤로 무리하게 내리면 어깨가 아플 수 있으니 주의한다. 견관절이 안 좋으면 덤벨이나 바벨 대신 맨손으로 하자. 처음부터 무거운 중량을 들면 몸이 경직되고 자신도 모르게 어깨와 목에 힘을 주면서 버티게 되고 어깨가 아플 수 있다. 목과 어깨에 힘을 빼는 게 중요하다. 팔을 내릴 때와 올릴 때 목과 어깨에 힘을 빼면서 부드럽게 움직여야 한다.

맨몸 운동은 3가지 기능을 모두 하면서 광배근을 수축시킬 수 있지만, 기구를 이용하면 2가지 기능밖에 안 된다. '내전+신전' 또는 '내회전+신전'인데 수축을 강하게 하고 팔에 큰 힘을 쓰기 위해서는 팔을 내회전하면서 신전을 하는 게 더 좋다. 이것은 쉽게 말해 팔꿈치를 몸통에서 떨어뜨려 몸통 뒤로 당기는 것이다. 옛날 뱃사공이나 수영 선수를 상상해보면 쉽게 이해할 수 있다. 뱃사공이 노를 저으면서 팔을 뒤로 당길 때 팔꿈치를 몸통에서 떨어뜨려 뒤로 당기고, 수영 선수들의 팔 동작을 보면 직선이 아닌 살짝 안쪽으로 돌려서 뻗고 물살을 가르면서 팔을 뒤로 당긴다. 이게 바로 '내회전+신전'이고 수영 선수들의 등이 넓게 잘 발달한 이유이다. 광배근 운동에서 기억해야 할 키포인트는 바로 '내회전+신전' 기능이다.

승모근

보통 등 운동이라고 하면 광배근 운동만 중시하는 경향이 있는데, 상체에서 광배근 못지않게 승모근도 굉장히 크고 중요하다. 승모근은 머리 상항선에서 시작해 경추 1~7번과 견봉을 지나 견갑골과 흉추 1~12번까지 붙어 등 상부 전체를 거의 다 차지하고 있다. 승모근은 상부, 중부, 하부 승모근으로 나뉘는데, 상부 승모근은 경추와 쇄골에 입체적으로 붙어 어깨 고정 시 머리를 신전시키고 목 고정 시 양쪽 어깨를 거상시킨다. 중부 승모근은 견봉과 견갑골극 상연에 붙어 견갑골을 내전시킨다. 마지막으로 하부 승모근은 견갑골극의 내측에 붙어 견갑골을 내측으로 하방회전시킨다.

부착 부위를 보면 광배근과 승모근은 밀접한 관계가 있다. 특히 하부 승모근의 경우 광배근이 흉추 7~12번에 붙어 있어 서로 겹쳐 있으며, 광배근이 하부 승모근 밑에서 뻗어 나오기 때문에 하부 승모근과 광배근의 섬유 방향이 같아 운동할 때 두 근육이 함께 자극된다. 더 자세한 내용은 뒤에 나오는 어깨 운동에서 한 번 더 다루도록 하겠다.

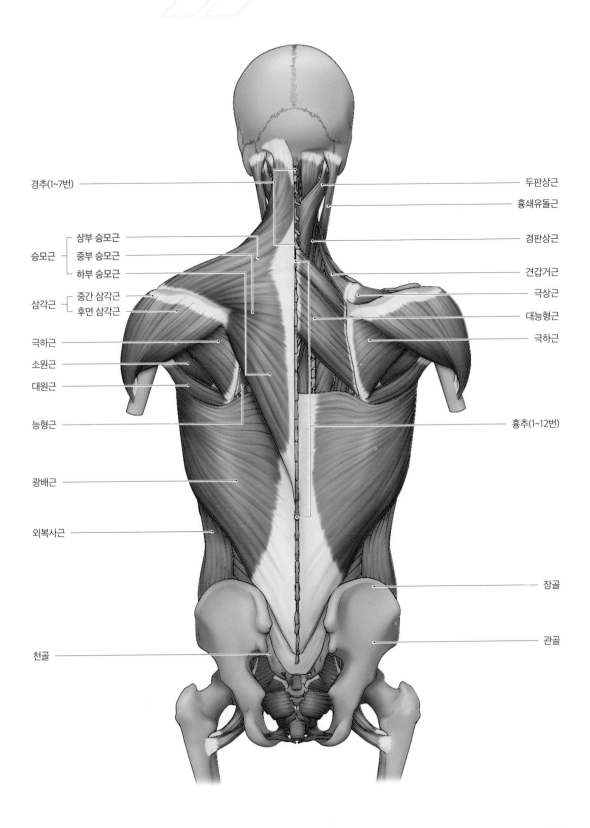

경추(1~7번)

상부 승모근
승모근　중부 승모근
　　　　하부 승모근

삼각근　중간 삼각근
　　　　후면 삼각근

극하근

소원근

대원근

능형근

광배근

외복사근

천골

두판상근

흉쇄유돌근

경판상근

견갑거근

극상근

대능형근

극하근

흉추(1~12번)

장골

관골

랫 풀다운

등 운동이 대체로 어렵고 자극을 제대로 느끼기 힘들다고 하는데, 랫 풀다운 역시 마찬가지다. 광배근 운동을 할 때 자극을 잘 못 느끼는 이유는 운동 중에 광배근을 제대로 못 움직이기 때문이다. 모든 근육은 뼈에 붙을 때 관절을 지나는데 그 관절에만 힘을 주면 된다. 광배근은 천추, 요추, 흉추에 붙어 견관절을 지나 상완골에 붙어 있다. 그러므로 주관절인 전완근과 손은 광배근과 아무 관련이 없다. 즉, 광배근 운동을 할 때는 바를 잡은 손과 전완근의 힘은 최대한 쓰지 말고 견관절을 움직이는 상완골, 즉 팔꿈치로 중량을 당기는 것이 포인트이다.

우리 몸의 근육들은 항상 먼저 힘을 쓰는 쪽에 먼저 자극이 간다고 했다. 랫 풀다운도 마찬가지로 바를 잡고 당길 때 손아귀에 너무 힘을 주면 전완근에 먼저 자극이 가서 정작 광배근은 제대로 자극받지 못한다. 또한 엄지와 검지에도 힘이 들어가면서 이두박근과 어깨에 큰 자극이 가해지는데, 이때 견관절이 안 좋은 사람은 분명 어깨가 아플 것이다. 그러므로 바를 잡을 때 손은 몸과 바와의 연결고리라고 생각하고, 당길 때는 손아귀에 힘을 빼고 팔꿈치에 힘을 주면서 동작한다.

앞서 설명했듯이 광배근에는 내전, 신전, 내회전 기능이 있는데 필자는 '내회전+신전'을 하라고 했다. 랫 풀다운을 시작해서 단축성 수축을 할 때는 바를 잡은 손아귀와 전완근에 힘을 빼고 팔꿈치는 살짝 굽힌다. 그리고 바를 당길 때는 '내회전+신전'으로, 즉 팔꿈치가 몸통에서 떨어지면서 몸통 뒤로 내리찍듯이 당긴다. 반대로 신장성 수축을 할 때는 팔이 펴지면서 견갑골이 상방회전을 하고 겨드랑이 부분이 늘어난다. 그다음 허리 부분까지 스트레칭 되어 마지막엔 엉덩이 부분까지 살짝 들리게 된다. 상방회전이란 쉽게 말해 '견갑골 하각이 좌우로 살짝 회전하면서 옆으로 빠지는' 것이다. 광배근 운동에서는 견갑골의 움직임이 굉장히 중요한데 항상 견갑골이 잘 움직여야 광배근의 완전한 이완과 수축이 일어난다는 걸 꼭 명심하길 바란다.

이렇게 정확한 동작이 이루어지면 광배근으로 당길 때 새끼손가락에 힘이 들어가는 것을 느낄 수 있다. 팔에 붙은 광배근을 삼두박근이 덮고 있는데, 삼두박근의 끝자락 힘이 새끼손가락과 연결되어 있어 광배근이 힘을 쓰면 마지막엔 새끼손가락에 힘이 들어가게 된다.

① 허리를 펴고 가슴을 들어 바를 잡고 척추 중립 자세로 앉는다. 팔꿈치는 살짝 굽힌다.

② 바를 잡은 손에 힘을 빼면서 몸이 살짝 들렸다가 팔꿈치에 힘을 주면서
몸통 뒤쪽으로 찍어 누르듯이 바를 당긴다.

③

다시 팔을 먼저 펴면 견갑골이 펴지면서(상방회전)
허리 부분까지 스트레칭 되고 엉덩이가 살짝 들린다.
전완근 → 팔꿈치 → 견갑골 → 허리 → 엉덩이 순으로
이완시킨다.

⊘ CAUTION

수축할 때는 손과 전완근 힘으로 당기지 말고 팔꿈치로 당겨야 한다.
그리고 이완할 때는 팔꿈치를 다 펴지 않는 게 핵심이다. '데드행' 같
이 팔꿈치가 다 펴지면 다시 당길 때 팔꿈치, 즉 광배근으로 시작할
수 없고 팔로 당겨야 한다. 그러면 이두박근과 어깨에 자극이 가서
광배근은 제대로 자극을 못 받고 오히려 견관절이 안 좋은 사람은 어
깨 통증을 느끼게 된다. 그러므로 팔꿈치를 살짝 잡아두고 동작해야
한다. 다시 한번 강조하지만 모든 광배근 운동의 원리는 똑같다. 이
완시킬 때는 항상 견갑골이 움직여 옆으로 빠져야 하며 팔꿈치는 다
펴지 말고 살짝 굽힌다. 단축 시에는 '내회전+신전' 기능으로 팔이 아
닌 팔꿈치로 당겨야 한다. 그리고 팔꿈치는 항상 몸통에서 떨어져서
몸통 뒤로 와야 한다.

등 운동과 그립의 상관관계

등 운동은 대개 오버 그립으로 많이 하는데 오버 그립이든 언더 그립이든 상관없다.
주관절은 등 운동에 영향을 주지 않기 때문이다. 그립을 어떻게 잡든 '내회전+신전'만
지키면 된다. 다만 어깨너비나 그보다 더 좁게 잡을 경우에는 인간의 관절 구조상 언
더 그립이 좋다. 그립을 넓게 잡을 때, 좁게 잡을 때, 그리고 V바를 이용해 완전히 좁
게 잡을 때 각각의 차이가 있다. 그립을 넓게 잡으면 광배근 바깥쪽이, 그립을 좁게
잡으면 더 안쪽이 자극을 받는다. V바는 더 좁아져서 척추기립근과 연접해있는 부분
이 자극을 많이 받는다. 이 점을 꼭 기억하자. 그립을 넓게 잡으면 광배근 바깥쪽, 그
립을 좁게 잡으면 광배근 안쪽!

언더 그립

V바

그리고 중요한 또 한 가지! 광배근은 상완골에도 붙어 있는데 이는 견관절을 기준으로 팔꿈치를 수평으로 들고 당기면 수평섬유인 중부 승모근이 자극을 많이 받고, 견관절을 기준으로 팔꿈치를 위쪽이나 아래쪽, 즉 사선 방향으로 당기면 사선섬유인 광배근이 자극을 많이 받는다. 이는 팔꿈치 움직임의 방향에 따라 원하는 근육 부위에 자극을 줄 수 있다는 뜻이다. 예를 들어, 시티드 로우를 할 때 그립을 좁게 잡고 팔꿈치를 수평으로 들고 당기면 중부 승모근 안쪽에, 그립을 넓게 잡고 팔꿈치를 살짝 내려 사선 방향으로 당기면 광배근 아래 바깥쪽에 자극을 많이 줄 수 있다. 잘 이해하길 바란다.

팔꿈치를 수평으로 들고 당긴다.

팔꿈치를 사선 방향으로 당긴다.

풀업

풀업의 원리는 랫 풀다운과 동일하다. 차이점이 있다면 랫 풀다운은 바를 몸쪽으로 당기는 것이고, 풀업은 몸을 바 쪽으로 당겨 올리는 것이다. 이때 광배근의 힘으로 몸을 당겨 올리기 때문에 초보자들이 따라 하기에는 다소 어렵다. 또한 '내회전+신전'을 하면서 팔꿈치 힘으로 몸통을 당겨 올려야 한다. 만약 풀업이 어렵다면 굳이 하지 않아도 된다. 랫 풀다운으로도 광배근 운동은 충분하다. 동작이 따라 하기 쉽고 자극이 잘 오는 운동부터 하는 것이 현명한 선택이다.

풀업의 운동 순서는 랫 풀다운과 반대라고 생각하면 된다. 랫 풀다운에선 팔꿈치로 당겼던 바를 놓으면서 견갑골을 이완시킨다면, 풀업에선 몸통이 내려오면서 견갑골을 이완시킨다. 이때 팔꿈치는 완전히 펴지 말고 랫 풀다운에서처럼 살짝 굽힌다. 그리고 단축수축 할 때는 양팔꿈치가 몸통에서 떨어진 채 몸통보다 뒤로 가야 한다. 즉, 팔꿈치로 당길 때 양팔꿈치 사이로 몸통이 지나면서 올라가 목이 아닌 명치가 바에 닿아야 한다. 그래야만 광배근에 완전한 단축수축이 일어나면서 수축감을 제대로 느낄 수 있다. 꼭 명심하기 바란다. 팔꿈치를 몸통에 밀착시키면서 내전 기능으로 하는 것이 아니라 몸통에서 떨어져 몸통 뒤쪽으로 오는 내회전, 즉 신전 기능으로 하는 것이다.

① 허리를 펴고 명치를 들고 풀오버 머신에 매달린다. 팔꿈치는 살짝 굽혀 겨드랑이 부분이 살짝 긴장되도록 한다.

② 팔꿈치를 아래로 내리찍듯이 힘을 쓰면서 몸통을 당겨 올린다.

❗ **CAUTION**

풀업도 손이 아닌 팔꿈치로 당겨야 한다. 손으로 당기면 팔꿈치가 먼저 접히면서 이두 박근과 어깨에 자극이 가고, 팔꿈치로 당기면 견갑골이 먼저 움직인다. 광배근 운동은 손이 아닌 팔꿈치 힘을 먼저 써야 한다. 본인의 자세를 잘 관찰하면서 동작을 수행하기 바란다.

③ 몸이 올라갈 때 허리를 펴고 명치를 들어 가슴이 바에 닿게 한다. 이때 팔꿈치는 몸통에서 떨어져서 몸통 뒤로 와야 한다.

④ 몸이 내려가면서 견갑골을 빼주고 팔을 펴면서 시작 자세로 돌아간다.

WORKOUT #03

시티드 로우

시티드 로우는 아나토미 자세로 코어를 잘 잡는 것이 우선이다. 케이블 손잡이를 잡고 발판에 발을 대고 무릎은 살짝 굽혀 앉는다. 명치를 들고 배꼽 부분인 아랫배를 앞으로 내밀어 허리를 편다. 그다음 엉덩이를 뒤로 빼면 고관절이 굴곡되고 상체를 엎드리면 장요근 부분과 코어가 딱 잡혀 힘을 마음대로 쓸 수 있게 된다. 어렵게 생각할 것 없다. 책상에 앉을 때 '바른 자세'에서 상체를 살짝 앞으로 엎드린 자세가 아나토미 자세 또는 해부학 자세이다. 여기서 몸에 힘을 뺀다. 그리고 등에 미리 힘을 주지 않는다. 등에 힘을 준 상태에서 케이블을 당기면 힘만 많이 들고 잘 당겨지지 않는다. 즉, 광배근의 완전한 단축수축이 어려워진다. 왜냐하면 등에 미리 힘을 준다는 것은 근육이 등척성 수축을 한다는 의미인데, 그러면 당길 때 등척성 수축으로 인해 근육이 더 이상 짧아지기 어렵다.

운동 중에는 시작 자세부터 마지막 동작까지 아나토미 자세가 절대 무너지면 안 된다. 이 원칙은 모든 부위의 운동에서도 마찬가지다. 아나토미 자세가 무너진다는 건 곧 코어가 무너진다는 뜻이다. 코어가 무너진 상태에서 힘을 쓰면 부상을 당하거나 주동근이 제대로 수축되지 않고 주변 다른 근육이 수축된다. 그리고 동작할 때 몸통을 완전히 고정하지 말고 마치 노를 젓듯이 상체를 왔다 갔다 하면서 상체 힘을 이용하면 훨씬 더 효율적으로 할 수 있다.

① 케이블 손잡이를 잡고 발판에 발을 대고 무릎을 살짝 굽혀 앉는다. 명치를 들고 배꼽 부분인 아랫배를 앞으로 내밀어 허리를 편다.

NG

등이 굽은 상태

(2) 엉덩이를 약간 뒤로 빼면 고관절이 굴곡되고 상체를 앞으로 살짝 엎드린다.
이때 등이 굽으면 안 된다.

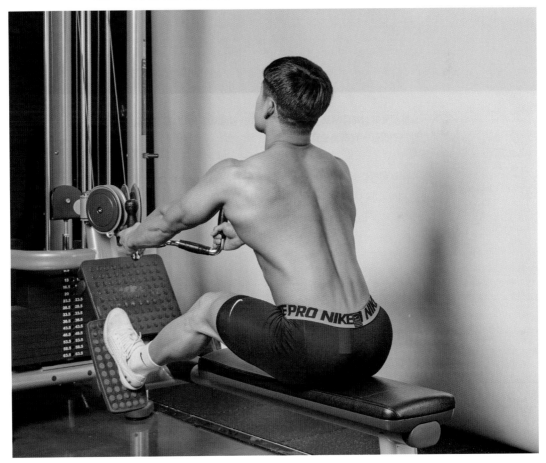

암 풀다운

암 풀다운을 할 때 범하는 가장 흔한 실수는 팔에 너무 힘을 주고 당기거나 팔로 당길 때 상체를 세우고 가슴을 내밀며 반동을 주는 것이다. 팔에 힘을 많이 주면 삼두박근이 자극을 많이 받고, 상체를 세우고 가슴을 내밀면서 반동을 주면 척추기립근이 자극을 많이 받는다. 시티드 로우와 마찬가지로 몸에 힘을 빼야 한다.

가슴과 허리를 펴고 고관절을 굴곡시키고 상체를 숙여 코어를 잡는다. 비록 케이블의 중량을 손으로 잡고 있지만 실질적으로 그 중량은 코어에서 버텨야 한다. 코어가 잡히면 당길 때 몸에 힘을 뺀 상태에서 손잡이를 가볍게 잡고 팔꿈치를 살짝 굽혀서 '손바닥으로 허벅지를 찰싹 친다'는 느낌으로 하라. 이때 양 팔은 항아리를 안은 것처럼 살짝 굽혀 팔꿈치 힘으로 당기고, 이완할 때는 광배근이 최대한 늘어나도록 뒤꿈치가 살짝 들릴 때까지 견갑골을 움직여 겨드랑이 부분을 최대한 이완시킨다. 이완과 수축 때 견갑골은 항상 움직여야 하며 겨드랑이 부분은 늘 긴장되어 있어야 한다. 암 풀다운은 광배근뿐만 아니라 견갑골에 붙어 있는 대원근 발달에도 아주 좋다. 비록 대원근은 작은 근육에 불과하지만 보디빌딩 선수들이 백 포즈를 잡을 때 광배근과 더불어 견갑골 부근을 돋보이게 한다.

① 케이블 손잡이를 잡고 고관절을 굴곡시키고 상체를 앞으로 숙인다. 명치를 들고 허리를 펴면 코어가 잡힌다.

② 등에 힘을 빼고 손바닥으로 허벅지를 찰싹 때리듯 케이블을 당긴다.
팔 → 견갑골 → 허리 순으로 이완시킨다.

⚠ CAUTION

동작의 핵심은 코어이다. 케이블의 무게를 코어에서 못 잡고 팔과 어깨로 잡는 경우가
많은데 그러면 수축할 때 팔과 어깨에 힘이 많이 들어가 오히려 팔과 어깨에 자극이
간다. 코어는 일부러 잡는 것이 아니라 척추 중립 자세를 잘 유지해서 저절로 잡히게
해야 한다.

WORKOUT #05
벤트 오버 바벨 로우

벤트 오버 바벨 로우는 초보자에게 굉장히 힘든 운동이다. 프리 웨이트로 하면 허리 부상 위험이 높기 때문이다. 부상을 방지하려면 기초가 탄탄해야 한다. 이때 기초란 밸런스와 코어를 의미한다. 코어를 못 잡은 상태에서 바벨을 당기면 팔에만 힘이 들어가고 허리가 아파 동작을 제대로 수행할 수 없다.

등 운동의 원리는 항상 같다. 앞서 배운 시티드 로우를 생각해보자. 로우 동작에서 가장 중요한 것이 코어를 잡는 것이라 했다. 벤트 오버 바벨 로우도 마찬가지다. 코어만 정확히 잡으면 동작을 쉽게 할 수 있다. 그럼 벤트 오버 바벨 로우에서 코어를 잡는 쉬운 방법은 무엇일까? 시티드 로우 시작 자세에서 사진을 찍고 90도로 돌려 보자. 그것이 바로 벤트 오버 바벨 로우의 시작 자세이다. 쉽게 말해 아나토미 자세로 바벨을 잡고 엉덩이를 뒤로 빼면서 고관절을 굴곡시켜 상체가 바닥과 평행이 되도록 숙인다. 이때 가슴과 허리는 펴야 하고 바벨은 무릎 밑에서 몸쪽에 최대한 가깝게 붙어 있어야 한다. 그러면 코어가 잡혀 로우 동작이 쉬워진다. 여기서 주의할 점은 첫째, 가슴과 허리를 잘 펴서 고관절이 굴곡된 부분에서 장요근과 아랫배에 힘이 들어가 코어가 잘 유지되는 것이다. 둘째, 바벨은 무릎 밑에서 몸쪽에 붙어 있어야 한다. 셋째, 바벨은 무조건 수직으로만 움직여야 한다. 이 3가지 중 하나라도 틀리면 코어가 무너져 등 운동이 제대로 되지 않고 허리가 아플 수 있다.

코어를 잡고 바벨을 당길 때에는 시티드 로우에서 설명한 것처럼 팔이 아닌 팔꿈치로 당겨야 등에 큰 자극을 느낄 수 있다. 바벨을 당길 때 허리를 살짝 들면서 동시에 팔꿈치로 당기면 더 수월하게 할 수 있다. 하지만 몸을 너무 고정한 채로 당기면 팔에 힘이 많이 들어가고 허리에 부담이 갈 수 있다.

그리고 바벨을 잡고 당길 때 팔꿈치는 몸통에서 떨어져서 몸통보다 위로 올라가야 한다. 이때 승모근을 잘 보면 최대한 수축된다. 사실 벤트 오버 바벨 로우는 광배근보다 등 중상부에 위치한 승모근에 더 큰 자극이 간다. 승모근도 등에서 아주 큰 비중을 차지하므로 많이 발달시켜야 한다. 그렇다고 해서 승모근에만 자극이 가는 건 아니고 광배근에도 충분한 자극이 간다. 승모근과 광배근의 부착 관계를 보면 같이 운동된다는 것을 알 수 있다.

① 아나토미 자세에서 팔꿈치를 살짝 굽히고 바벨을 가볍게 잡는다. 가슴과 허리를 펴고 엉덩이를 뒤로 빼면서 고관절을 굴곡시키고 상체를 90도로 숙인다. 바벨은 몸쪽 가까이 붙인다.

(2) 상체를 살짝 들면서 동시에 팔꿈치로 바벨을 당긴다. 이때 아랫배가 아닌 명치 쪽으로 당긴다. 팔→견갑골→허리 순으로 이완시키고 다시 바벨을 무릎 아래쪽에서 몸쪽 가까이 붙인다(코어 잡기).

➕ TIP

광배근을 더욱 자극하는 방법

필자가 하는 벤트 오버 바벨 로우는 승모근, 즉 등 중상부를 타깃으로 한다. 바벨 로우를 두고 '승모근이 많이 자극받는다', '광배근이 많이 자극받는다' 등 의견이 분분한데, 원래는 승모근이 있는 등 중상부가 자극을 많이 받는다. 이것은 맞고 틀리고의 문제가 아니다. 선수마다 각자의 노하우가 있고 필자 역시 마찬가지다. 모두에게 똑같이 적용되는 방법은 존재하지 않는다. 여러분도 다양한 방식으로 도전해보고 자신의 몸에 가장 잘 맞는 방식을 찾기 바란다.

사람들이 대개 상체를 많이 숙이고 자세를 취하면 광배근 운동이 된다고 생각하는데 실은 그렇지 않다. 먼저 광배근의 기능을 이해해야 한다. 광배근은 광배근과 붙어 있는 상완골이 '내회전+신전'만 하면 무조건 자극을 받는다. 상체를 기울여서 하든 약간 들고 하든 '내회전+신전' 기능만 정확하게 하면 무조건 광배근 운동이 된다. 이때 팔꿈치를 약간 몸쪽으로 붙인 상태에서 배꼽 쪽으로 당기면 광배근에 더 큰 자극을 느낄 수 있다.

참고 등 운동과 그립의 상관관계(p.68)

윗등 자극   밑등 자극

T바 로우

T바 로우는 정확한 자세를 못 잡으면 허리에 부담이 많이 가고 등에 정확한 자극을 주기 어려운 운동이다. 필자 역시 운동 초창기에 T바 로우를 하다가 두세 번 허리를 다친 경험이 있어 늘 주의하며 운동했다.

허리 부상을 방지하는 가장 좋은 방법은 상체를 고정시키지 않는 것이다. T바 로우를 할 때 허리를 다치는 가장 큰 이유는 허리를 고정시키고 팔로만 당기기 때문이다. 앞서 설명한 시티드 로우, 벤트 오버 바벨 로우와 마찬가지다. 모두 척추 중립 자세에서 상체를 고정시키지 말고 허리를 이용해야 한다. T바 로우도 허리를 잘 써야 한다. 물론 상체를 고정시킨다고 해서 틀린 건 아니다. 하지만 허리 부담을 덜고 등에 자극을 잘 주려면 상체를 고정시킨 채 동작을 소극적으로 하지 말고 허리를 움직이면서 크게 하는 것이 좋다. 허리를 많이 들어 거의 일어서다시피 해도 상관없다. 동작은 벤트 오버 바벨 로우와 똑같다. T바 로우도 바를 잡고 당길 때는 먼저 허리를 살짝 들면서 자연스럽게 팔을 내회전하면서 팔꿈치를 몸통 뒤까지 당겨주는 신전을 하면 된다.

① T바를 잡고 명치를 들고 허리를 편다.
엉덩이를 뒤로 빼면서 고관절을 굴곡시키고
상체를 앞으로 숙인다(코어 잡기).

2 상체를 살짝 드는 동시에 팔꿈치로 T바를 당긴다. 이때 가슴을 내밀며 반동을 주지 않는다. 그다음 엉덩이를 뒤로 빼면서 고관절을 굴곡시켜 팔 → 견갑골 → 허리 순으로 이완시킨다.

⊙ CAUTION

요추는 계속 펴져 있어야 한다. 바를 내릴 때 명치를 들고 엉덩이를 뒤로 빼고 허리를 곧게 펴라. 그러면 코어가 딱 잡힌다. 당길 때는 팔꿈치로 끝까지 당겨야지 가슴을 내밀면서 어깨를 젖히면 안 된다. 그러면 상완골이 외회전하면서 반동이 생긴다. 다시 한번 강조하지만 광배근을 수축할 땐 절대 몸을 젖히지 마라.

NG

등을 둥글게 웅크린 상태

원 암 덤벨 로우

원 암 덤벨 로우는 벤트 오버 바벨 로우 자세에서 한 손으로 덤벨을 잡고 당기는 운동이라 생각하면 된다. 한 손에 덤벨을 잡고 반대쪽 손으로 벤치를 짚고, 한쪽 무릎을 굽혀 벤치에 댄 채로 상체를 숙이고 덤벨을 당기면 된다. 역시 원리는 허리를 펴서 코어를 잡고 당길 땐 '내회전+신전'이다.

시티드 로우와 비교해 보면 원 암 덤벨 로우가 더 힘든 운동이다. 시티드 로우는 두 발을 디디기 때문에 중심축과 코어를 정확하게 잡을 수 있어 초보자도 잘 할 수 있다. 반면 원 암 덤벨 로우의 경우 초보자는 운동이 잘 되고 있는지, 광배근이 제대로 수축되는지를 느끼기 힘들다. 때론 허리가 심하게 아픈 경우도 있다. 그럴 땐 늘 기본을 생각하라. 기본이 가장 중요하다. 허리가 아플 땐 코어를 정확히 잡았는지, '내회전+신전'을 정확히 하는지, 그리고 무엇보다도 덤벨을 팔꿈치로 당기는지 아니면 전완근과 손으로 당기는지가 체크 포인트이다. 모든 광배근 운동은 손과 전완근의 힘이 아닌 팔꿈치로 당겨야 견갑골이 잘 움직이면서 광배근에 정확한 이완과 수축이 일어난다. 랫 풀다운은 상방회전했다가 하방회전하고, 시티드 로우는 전인했다가 후인한다고 설명했다. 원 암 덤벨 로우도 마찬가지다. 견갑골이 빠진 뒤에 팔

① 한 손으로 덤벨을 잡고 반대쪽 손과 무릎은 벤치에 대고 허리를 숙인다. 명치를 들고 엉덩이를 뒤로 빼고 허리를 펴서 코어를 잡는다.

꿈치를 몸통 위로 쭉 당기면 된다.

　원 암 덤벨 로우는 광배근이 사선섬유라고 해서 덤벨을 사선 방향으로 움직이면 안 된다. 덤벨도 바벨과 마찬가지로 수직 방향으로 움직여야 한다. 모든 중량은 중력 방향인 수직 방향으로 떨어지는데 그 중량을 중력 반대 방향으로 거스르는 것이 웨이트 트레이닝의 핵심이다. 따라서 덤벨을 사선 방향으로 움직이면 광배근에 정확하고 완전한 수축이 일어나지 않는다. 그러므로 덤벨을 상하 수직으로 움직여야 수축이 제대로 일어날 수 있다. 다른 운동과 마찬가지로 덤벨을 잡은 손은 팔꿈치를 완전히 펴지 말고 살짝 굽혀 시작한다. 수축하고 난 뒤 견갑골과 광배근은 최대한 이완시키고 팔꿈치는 항상 살짝 굽혀져 있어야 한다.

　당길 때는 벤트 오버 바벨 로우처럼 몸통을 살짝살짝 이용하며 당기는 게 좋다. 바로 당겨도 되지만 그러면 팔꿈치가 아닌 팔로 당겨지기 쉽다. 그리고 앞서 설명했듯이 당기면서 절대 가슴을 일부러 내밀면서 어깨를 뒤집지 마라. 그러면 반동이 생기니 주의해야 한다.

② 상체를 살짝 들면서 동시에 팔꿈치를 몸통 위로 힘껏 당긴다.
　그다음 시작 자세로 돌아간다. 팔 → 견갑골 → 허리 순으로 이완시킨다.

상체 중립을 유지하며 내회전해야 광배근이 제대로 수축된다. 수축감을 더 많이 느끼려면 상체를 과도하게 젖히거나 덤벨을 사선 방향으로 당기지 말고 상하 수직으로 당겨야 한다. 그리고 덤벨을 당길 때 몸을 비틀면서 팔꿈치를 몸통에 밀착시켜 당겨야 광배근이 더욱 수축되는 걸로 착각하는 경우가 많다. 하지만 그 동작을 자세히 관찰해 보면 광배근 보다 실제로는 척추기립근이 더 많이 수축된다.

OK

NG

데드리프트

데드리프트는 요즘 운동 마니아들 사이에서 스쿼트, 벤치 프레스와 더불어 3대 운동으로 각광받는 인기 운동이다. 데드리프트는 보디빌딩뿐만 아니라 파워리프팅, 역도, 크로스핏 등 다양한 종목에서도 많이 하는데 종목마다 운동 목적이 조금씩 다르다. 그리고 데드리프트는 등 운동보다는 전신 운동에 가깝고 오히려 하체와 엉덩이가 더 많이 운동된다. 하지만 등과 상체의 전반적인 근력과 근육을 키우는 데에도 아주 좋은 운동이다.

파워리프팅과 역도, 크로스핏은 중량을 많이 들거나 횟수를 많이 해서 체력과 근력 및 지구력을 키우는 게 목적인 반면 보디빌딩은 근력도 중요하지만 무엇보다 근육을 키우는 데 그 목적이 있다. 따라서 운동 방법에서도 약간의 차이점이 있다. 예를 들어, 파워리프팅 선수들은 이른바 최고의 중량으로 1RM(1 Repetition Maximum, 1회에 들어 올릴 수 있는 최대 중량)만 하면 된다. 그래서 자세히 보면 그립을 넓게 잡지 않는다. 파워리프팅은 등을 넓히거나 근육을 많이 키울 필요가 없다. 역도나 파워리프팅 선수들은 척추기립근 힘이 좋아야 하기 때문에 그립을 좁게 잡고 등의 여러 근육 중에서도 척추기립근을 집중 타깃으로 하는 것이다. 물론 데드리프트가 척추기립근을 주동근으로 쓰는 게 아니고 엉덩이와 하체를 많이 쓰지만, 척추기립근의 힘을 키워 중량을 최대한 많이 들 수 있게끔 훈련한다.

그런데 보디빌딩은 근육을 키워 넓고 두툼하고 강한 등을 만들기 위해 그립을 넓게 잡고 등 전체에 자극을 줘야 한다. 앞서 '등 운동과 그립의 상관관계(p.68)'에서 설명했듯이 그립 간격이 넓어질수록 등 바깥쪽에, 좁아질수록 등 안쪽에 자극이 많이 간다. 따라서 데드리프트를 할 때도 랫 풀다운처럼 그립을 넓게 잡고 하는 것이다.

데드리프트는 하는 방법에 따라 여러 가지가 있지만, 여기서는 컨벤셔널 데드리프트와 루마니안 데드리프트에 대해 설명하겠다. 둘 중 어느 게 더 좋다고 말할 수는 없지만, 본인이 보다 더 안정되고 정확한 자세로 할 수 있는 방식으로 하는 게 가장 좋다. 필자는 개인적으로 루마니안 데드리프트를 선호한다.

≫ 루마니안 데드리프트 방식

명치를 들고 허리를 펴고 어깨너비보다 넓게 바벨을 잡고 척추 중립 자세로 선다. 팔꿈치는 내회전하고 살짝 굽힌다. 그러면 겨드랑이 부근이 긴장된다.

데드리프트는 등 근육만을 주동근으로 하지 않고 상하체 모든 근육을 쓰는 전신 운동으로, 등의 특정 부분에만 자극을 주는 것이 아니라 등 전체에 자극을 줘야 한다. 즉, 척추기립근뿐만 아니라 승모근과 광배근까지 힘이 들어가게 해야 한다. 바벨을 들어 올릴 땐 승모근이 모두 뽑혀 나가는 느낌으로 한다. 먼저 랫 풀다운처럼 팔을 어깨너비보다 넓게 벌리고 명치를 들고 허리를 펴고 바벨을 잡고 척추 중립 자세로 선다. 이때 팔은 완전히 펴지 말고 내회전해서 팔꿈치를 살짝 굽히면 광배근이 지나는 겨드랑이 부근이 긴장된다. 바벨을 잡고 내려갈 때는 바벨을 잡은 상체를 먼저 숙이는 게 아니라, 앞꿈치에 중심을 두고 무릎을 살짝 굽힌 상태에서 엉덩이를 먼저 뒤로 보내면서 고관절을 굴곡시켜 햄스트링을 스트레칭하는 느낌으로 상체가 숙여지게 한다.

앞선 운동에서도 설명했듯이 코어는 무조건 배에 힘을 줘서 복압을 높인다고 잡히는 게 아니라 바른 자세로 자연스럽게 잡히게끔 환경을 만들어주는 것이라 했다. 그게 바로 척추 중립 자세이다. 모든 운동은 척추 중립 자세로 시작해서 척추 중립 자세로 끝나야 한다. 데드리프트도 마찬가지다. 바벨을 잡고 내려갈 때는 가슴과 허리를 편 상태에서 발바닥을 지면과 잘 밀착시켜 발바닥에 힘을 주고, 엉덩이를 뒤로 빼면서 고관절을 굴곡시켜 상체를 숙인 마지막 정점에서 자연스레 아랫배와 장요근에 힘이 들어가 코어가 잡혀야 한다. 이때 살짝 굽혀진 무릎은 앞쪽으로 내밀면 안 된다. 그리고 바벨은 내려갈 때나 올라올 때나 절대 몸쪽에서 떨어지면 안 된다. 바벨을 잡고 올라올 때도 마찬가지로 가슴과 허리를 편 상태에서 발바닥에 힘을 주어 땅을 박차듯이 다리 전체에 강한 힘을 주면서 허리와 상체의 힘을 쓰며 끌어 올린다. 여기서 키포인트는 데드리프트를 할 때는 발바닥이 바닥과 잘 밀착되어 기초가 잘 잡혀야 코어가 잘 잡히고, 발바닥으로 바닥을 밀면서 엉덩이와 햄스트링의 힘을 먼저 쓰면서 허리를 비롯한 상체의 힘을 써야 한다. 발바닥이 흔들리면 모든 중심이 흔들려 상체 힘을 제대로 쓸 수 없다. 기억하자! 발바닥이 곧 코어이다.

② 앞꿈치에 무게중심을 두고 무릎을 살짝 굽히고 발바닥으로 바닥을 누르듯이 힘을 주고 엉덩이를 뒤로 빼면서 고관절을 굴곡시켜 상체를 숙인다. 이때 바벨은 무릎 바로 밑부분까지 내리고 무게중심은 계속 앞꿈치에 둔다. 그다음 바벨이 몸 가까이에서 떨어지지 않게 유지하며 발바닥에 힘을 주면서 허리와 상체의 힘으로 힘차게 끌어올린다.

루마니안 데드리프트는 고관절과 무릎을 잘 쓰는 게 핵심이다. 고관절과 무릎을 잘못 쓰면 바벨이 몸쪽에서 떨어지거나 코어가 풀리거나 허리에 큰 스트레스가 간다. 데드리프트(Deadlift)를 직역하면 '죽어 있는 물체를 들어 올리다'이다. 모든 중량은 중력의 영향을 받는데 데드리프트는 중력을 거스르며 중량을 들어 올리는 것이다. 이때 후면사슬근육들이 그 역할을 하는데, 대표적인 게 척추기립근, 대둔근, 햄스트링, 종아리, 그리고 발바닥이다. 바벨을 잡고 내려갈 때 무릎은 자연스럽게 살짝 굽히고 엉덩이를 뒤로 빼면서 고관절을 굴곡시켜 상체가 숙여지면 후면사슬근육들이 긴장되면서 중량에 저항을 하는 것이다. 이때 무릎을 스쿼트 하듯이 일부러 앞으로 굽히면서 내밀면 안 된다. 무릎이 앞으로 나오면 바벨이 몸에서 떨어지고, 후면사슬근육들의 긴장도 풀리고, 허벅지 앞부분에 힘이 들어가면서 코어도 풀려서 허리에 부담이 간다.

≫ 컨벤셔널 데드리프트 방식

① 상체를 바닥과 약 45도 정도로 숙여 바벨을 정강이에 가깝게 잡고 척추 중립 자세를 유지한다. 이때 엉덩이 근육이 긴장되고 코어가 잡힌다. 무게중심을 발바닥 중간에 두고 호흡을 들이마셔 코어를 안정시킨다.

② 발바닥, 엉덩이, 햄스트링 힘으로 먼저 일어나면서 상체로 바를 들어 올린다. 이때 절대 허리 힘을 먼저 쓰면 안 되고, 엉덩이와 하체 힘을 먼저 써야 한다.

③

내려갈 때는 무릎 보다 고관절을 먼저 굴곡시켜 바벨이 무릎 부근에 왔을 때 무릎을 굽혀 스쿼트 하듯이 앉고 바벨이 바닥에 닿으면 다시 일어선다. 이때 바벨이 몸 가까이에서 떨어지지 않게 유지하고, 바를 들어 올릴 땐 발바닥, 엉덩이, 햄스트링에 먼저 힘을 주면서 허리와 상체 힘을 써야 한다.

⊕ TIP

컨벤셔널 데드리프트, 루마니안 데드리프트, 스티프 레그 데드리프트의 차이점

일명 '땅 데드'라 부르는 컨벤셔널 데드리프트는 무릎을 굽혔다가 땅을 찍고 올라오는데, 무릎을 먼저 굽히면서 내려가는 게 아니라 고관절을 먼저 써야 한다. 고관절을 이용하여 내려간 후 바벨이 무릎을 지난 뒤 무릎관절을 이용하는 것이 컨벤셔널 데드리프트이다. 즉, 무릎까지 내려갈 땐 루마니안 데드리프트와 똑같은데 바벨이 무릎 부근에 내려왔을 때 무릎을 굽히면서 스쿼트를 하듯이 앉았다가 땅을 찍고 올라오는 것이다. 따라서 컨벤셔널 데드리프트는 스쿼트 자세와 똑같다고 생각하면 된다. 이때 상체는 스쿼트 자세보다 앞으로 더 숙여야 한다. 상체가 너무 서면 하체에 자극이 많이 가고 상체를 더 숙이면 등에 자극이 많이 간다. 그러므로 스쿼트처럼 하되 상체만 살짝 앞으로 더 숙이면 된다.

그리고 스티프 레그 데드리프트는 루마니안 데드리프트와 거의 흡사한데 가장 큰 차이점은 운동 부위와 무게중심이다. 루마니안 데드리프트는 등 근육을 최대한 자극하고, 스티프 레그 데드리프트는 엉덩이와 햄스트링을 이완시킨다는 차이가 있다. 그러므로 운동을 할 때 가장 중요한 게 바로 무게중심이다. 루마니안 데드리프트는 무게중심이 앞꿈치에, 스티프 레그 데드리프트는 뒤꿈치에 있어야 한다. 바벨을 잡고 내려갈 때 무게중심을 앞꿈치에 두면 등에 부하가 많이 걸리고, 뒤꿈치에 두면 엉덩이와 햄스트링에 부하가 많이 걸린다.

펜들레이 로우

등을 두툼하게 만드는 데 효과적인 펜들레이 로우는 미국의 역도 코치 글렌 펜들레이Glenn Pendlay가 벤트 오버 바벨 로우의 단점을 보완하기 위해 고안한 운동이다. 벤트 오버 바벨 로우는 당기고 놓을 때 신장성 수축을 하면서 승모근과 광배근을 이용하는데, 당길 때도 놓을 때도 운동이 된다는 뜻이다. 반면에 펜들레이 로우는 당길 때만 운동이 된다. 당길 때는 등뿐만 아니라 온 힘을 다 쓰고, 놓을 때는 뿌리치듯이 놔 버리는 것이다. 펜들레이가 역도 코치였다는 점에서 알 수 있듯이, 이 운동은 역도나 파워리프팅 선수에 게 굉장히 좋다. 최대 근력을 키우는 스트렝스 트레이닝이라고 보면 된다.

보통 벤트 오버 바벨 로우는 상체를 45도 정도 세워서 하는데 반해 펜들레이 로우는 등을 완전히 직 각으로 만들어서 한다. 고개와 몸통을 바닥과 거의 일직선이 되게 하는 것이다. 그다음 바를 발등 중간에 오도록 놓고, 팔꿈치를 몸에 45~60도 정도 붙인 상태에서 파워풀하게 당겼다가 확 놔준다. 바벨 루우는 배꼽을 기준으로 당기는데 펜들레이 로우는 조금 위쪽인 명치 쪽으로 당긴다.

필자의 경우 펜들레이 로우를 웨이트 트레이닝에 보다 적합한 방법으로 가르친다. 내릴 때 등으로 저 항하는 것이다. 그러면 펜들레이 로우로 우람한 등을 만들 수 있다.

≫ 스트렝스 트레이닝 방식

① 몸을 90도로 숙인 상태에서 바벨을 발등 중간 부분에 오도록 잡는다.

② 온몸의 힘을 이용해 바벨을 명치 쪽으로 힘껏 당긴다.

③ 바벨을 바닥에 확 놓는다.

1 몸을 90도로 숙인 상태에서 바벨을 발등 중간 부분에 오도록 잡는다

⚠ CAUTION

허리를 다치지 않도록 주의해야 한다. 이 말은 즉, 코어를 잡을 줄 알아야 한다는 의미이다. 바벨을 당길 때 허리가 둥글게 구부러지지 않도록 주의하자.

2 광배근의 힘을 이용해 바벨을 명치 쪽으로 당긴다.

3 승모근과 광배근으로 중량을 버티면서 서서히 내린다.
이때 바닥에 완전히 내리지 말고 바닥에 닿기 직전에 잡아준다.

바벨 슈러그

승모근을 단련하는 대표적인 운동인 바벨 슈러그는 으쓱으쓱 동작과 같다. 어깨를 귀에 붙인다는 느낌으로 쭉 올리면 된다. 이때 상부 승모근에 너무 힘을 주지 않아야 한다. 미리 수축시키면 잘 당겨지지 않는다. 바벨 슈러그를 제대로 하려면 중요한 요령이 있다. 일반적으로 맨몸으로 할 때는 누구든지 으쓱으쓱 동작을 잘하는데 바벨을 들고 하면 잘 안되는 경우가 많다. 자, 그럴 땐 무릎을 살짝 굽혀보자. 무릎을 굽혔다가 펴면서 으쓱하고 내리고, 또 무릎을 굽혔다가 펴면서 으쓱하고 내리고를 반복하자. 무릎을 사

 바벨을 가볍게 잡고 선다.

용하지 않고 고개만 넣었다 뺐다 하면 최대한의 운동이 되지 않는다. 그리고 올라갈 때 고개를 살짝 숙이면 동작이 더 잘된다. 고개가 젖혀져서는 안 된다. 이 동작이 숙달되면 무릎을 이용하지 않고도 상부 승모근을 으쓱으쓱 잘 움직일 수 있게 된다. 좋은 등을 가지기 위해서는 광배근도 중요하지만 승모근도 중요하다. 승모근 발달이 안되면 좋은 등을 가질 수 없다는 점을 명심하길 바란다.

② 무릎을 살짝 굽혔다가 펴면서 어깨를 귀에 붙인다는 느낌으로 으쓱한다.

덤벨 슈러그

바벨 슈러그는 상부 승모근을 타깃으로 하는 운동으로 승모근의 높이를 높이는 데 효과적이다. 그럼 승모근을 두껍게 하려면 어떻게 해야 할까? 정답은 중부 승모근 자극이다. 그런데 바벨 슈러그로는 힘들다. 중부 승모근은 견갑골이 붙었다가 떨어져야 운동이 되기 때문에 덤벨로 해야 한다.

덤벨로 중부 승모근을 공략할 때도 고개는 살짝 숙이는 게 좋다. 그리고 양손에 잡은 덤벨을 팔꿈치를 접어 위로 올리듯이 당긴다. 상체는 너무 푹 숙이지 말고 살짝 숙이되 허리는 펴야 한다. 덤벨을 내릴 때는 견갑골을 확 놔주자. 이때 상부 승모근에도 자극이 가지만 중부 승모근에 더 많은 자극이 간다.

① 팔을 자연스럽게 늘어뜨린 상태에서
덤벨을 가볍게 잡는다.

➕ TIP ───────

어깨 운동과 승모근의 연관성

승모근은 안정성을 확보하는 데 굉장히 중요한 근육이기 때문에 운동을 많이 해주는
게 좋다. 필자는 어깨 운동을 할 때도 많이 했는데, 어깨 운동 중에서도 특히 사이드 래
터럴 레이즈는 상부 승모근이 많이 쓰이고, 래터럴 리어 레이즈는 중부 승모근이 많이
쓰인다. 따라서 어깨 운동 프로그램을 구성할 때 마지막에 승모근 운동을 넣곤 했다.
참고해서 운동 프로그램을 구성해보자.

② 어깨를 으쓱하면서 팔꿈치를 접어
사선으로 올리듯이 당긴다.

③ 팔꿈치를 굽히면서
몸통 뒤쪽으로 당긴다.

CHAPTER

06

어깨
운동

어깨 근육의 구조

어깨 통증과 부상의 원인

WORKOUT #01 비하인드 넥 프레스

WORKOUT #02 프론트 프레스(밀리터리 프레스)

WORKOUT #03 덤벨 숄더 프레스

WORKOUT #04 사이드 래터럴 레이즈

WORKOUT #05 페이스풀

WORKOUT #06 리버스 펙 덱 플라이

WORKOUT #07 리어 래터럴 레이즈

WORKOUT #08 벤트 오버 레이즈

WORKOUT #09 덤벨 프론트 레이즈

WORKOUT #10 업라이트 로우

어깨 통증과 부상의 원인

어깨는 일상생활 중에 부상을 많이 당하는 부위이다. 고관절과 견관절의 구조를 비교해 보면 이해하기 쉽다. 고관절은 대퇴골두보다 고관절 와순이 더 커서 대퇴골두가 고관절 와순 속에 들어가 있다. 따라서 고관절의 자세와 움직임이 매우 안정적이다. 반면에 견관절은 어깨관절 와순의 크기가 작다. 다시 말해 상완골두가 어깨관절 와순보다 조금 더 크다. 따라서 견관절은 어깨관절 와순 바깥쪽에 위치해 움직인다.

이런 구조적 차이로 고관절의 움직임보다 어깨관절의 움직임이 더 자유롭고 가동 범위도 넓다. 반면에 그만큼 부상 빈도도 높다. 그 예로 탈골이 있다. 보통 습관성 어깨 탈구라고 하는데, 견관절의 연결이 매우 불안정한 상태에서 비롯된다고 이해하면 된다. 또한 어깨충돌이나 오십견이라고 해서 나이가 들면서 누적된 견관절 사용으로 인해 어깨를 돌릴 때 통증이 생기는 경우가 많다. 심하면 팔을 들기도 힘들다.

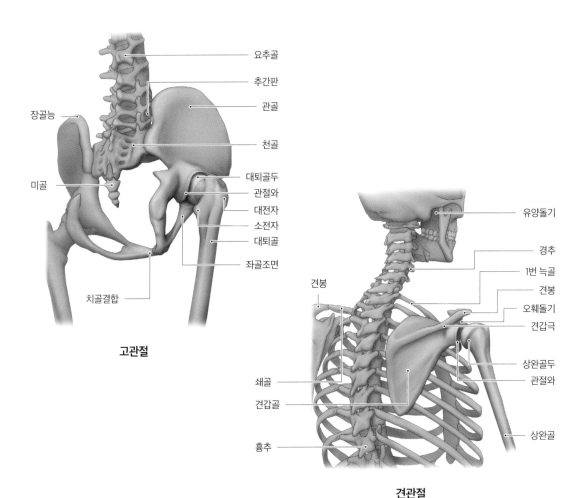

고관절

견관절

그런데 삼각근 자체에는 부상이 잘 생기지 않는다. 즉, 어깨관절에 통증이 생겨도 웬만해선 삼각근은 움직일 수 있다. 삼각근은 팔을 들어 올리는 기능을 하는데 삼각근 심층에는 굉장히 많은 근육이 자리하고 있다. 극상근, 극하근, 소원근, 견갑하근과 같은 회전근개들의 힘줄이 붙어있고 또한 대흉근과 이두박근의 힘줄도 붙어 있다. 따라서 이 근육 중 어느 하나라도 부상을 당하면 어깨관절에 통증을 느끼게 된다. 우리가 팔을 들거나 움직일 때 뼈나 관절 자체에 이상이 있는 경우를 제외하곤 통증 원인의 대부분은 회전근개에 있다. 따라서 팔을 들어 올릴 때 통증이 느껴진다면 그 원인은 삼각근이 아니라 회전근개나 다른 근육에 있다고 할 수 있다.

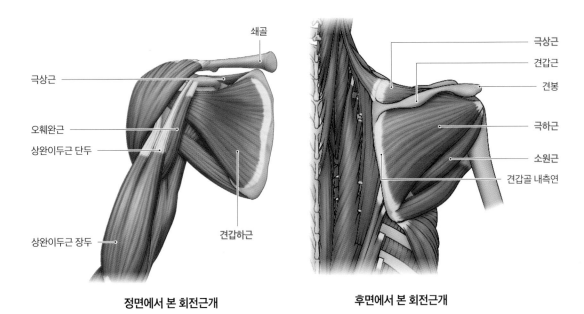

정면에서 본 회전근개   후면에서 본 회전근개

우리 몸에는 어떤 동작을 할 때 힘을 쓰는 근육과 움직임을 조절하는 근육이 있다. 여기서 조절이란 움직일 때 관절에서 뼈가 항상 제 위치에서 잘 움직일 수 있도록 뼈의 움직임을 조절해 준다는 것이다. 팔을 앞이나 위로 들 때에는 삼각근이 힘을 쓴다. 이때 상완골은 견관절에 고정된 채 직선으로 움직이지 않고 항상 회전을 한다. 즉, 팔을 옆으로 들어 올려 귀까지 올릴 때 안정되고 자연스럽게 올라가기 위해 상완골은 외회전하게 된다. 만약 내회전한 상태에서 팔을 올리면 팔이 어깨와 수평이 될 때까지만 올라가고 더 이상 올라가지 않는다. 이게 바로 어깨충돌이다.

OK   NG

① 상완골이 외회전한 상태   ② 외회전 후 자연스럽게 올라간다.   상완골이 내회전한 상태

사람은 팔을 위로 끝까지 올리려면 상완골이 무조건 바깥쪽으로 외회전해야 가능하다. 반대로 내려올 때는 다시 내회전하게 된다. 이 동작 중에 삼각근이 힘을 써서 팔을 들어 올리는 기능을 하고, 회전근개가 상완골을 회전시키는 기능을 한다. 팔을 들어 올릴 때 극상근, 극하근, 소원근 이 3가지 근육이 외회전 기능을 하고, 내릴 때에는 견갑하근이 내회전 기능을 한다.

만약 삼각근이 손상되면 전혀 움직이질 못한다. 팔 자체를 들 수가 없다. 그러나 회전근개는 손상돼도 팔을 들거나 움직일 수는 있다. 힘을 쓰는 근육이 다치면 아예 동작 자체가 불가능하다. 그렇지만 조절하는 근육이 다치면 동작은 어느 정도 가능하고 특정 지점에서 통증이 발생하면서 불편해도 그 지점을 지나면 움직일 수는 있다. 쉽게 이해하기 위해 문에 비유하면, 삼각근은 문이고 회전근개는 경첩이라 할 수 있다. 문 자체가 고장 나거나 내려앉으면 아예 열 수 없지만 경첩은 망가져도 어느 정도 열 수 있는 것과 마찬가지다. 따라서 팔을 들어 올릴 때 특정 지점에서 통증이 발생해도 그 지점을 지나면 통증이 가라앉고, 내릴 때에도 똑같은 경우라면 삼각근 부상이 아닌 회전근개가 손상됐다고 봐야 한다.

삼각근은 운동 중 부상 위험이 높은 근육이기 때문에 주의해야 한다. 참고로 삼각근 부상은 어깨 운동 외에도 가슴 운동, 특히 벤치 프레스를 할 때 자주 생긴다. 또한 회전근개도 많이 쓰이는데 특히 극하근이 많이 다친다. 따라서 회전근개 손상 위험도 높으므로 부상에 주의해야 한다.

상완골 내전

상완골 외전

상완골 굴곡

상완골 신전

상완골 내회전

상완골 외회전

WORKOUT #01

비하인드 넥 프레스

비하인드 넥 프레스는 바벨을 목 뒤로 보내서 하는 프레스 운동이다. 비록 목 뒤로 하지만 어깨 운동 시 모든 프레스 동작은 앞 어깨 부분에 자극이 많이 간다. 따라서 비하인드 넥 프레스는 옆 어깨 운동도 되지만 앞 어깨에 더 집중된다는 걸 기억하자. 특이한 점은 원래 팔을 들어 올릴 때는 외회전을 하게 되는데, 이 운동을 할 때는 내회전이 살짝 된다. 그러다 보니 동작을 잘못하면 견관절이 많이 불편할 수 있다. 따라서 라운드 숄더 체형이나 견관절의 움직임이 안 좋은 사람은 이 운동을 할 때 어깨에 불편한 느낌이 들거나 어깨충돌이 생길 수 있다. 자칫 부상을 당할 수도 있다. 따라서 이 운동을 하고 견관절에 불편함이 느껴지면 이 운동 대신 다음에 소개할 프론트 프레스를 권한다. 그리고 초보자인 경우에는 프리 웨이트 보다는 스미스 머신 이용을 추천한다. 스미스 머신에서 어느 정도 자세를 익힌 후에 프리 웨이트로 가기를 권장한다.

① 벤치에 앉아 바벨을 잡는다. 상체는 명치를 살짝 들고 수직으로 세워준다. 양발은 몸 앞쪽에 위치한다. 몸 뒤쪽에 두면 허리가 과신전 되어 척추기립근에 힘이 과하게 들어간다.

NG

108

CAUTION

바벨을 들어 올릴 때 반동을 이용하지 않는다. 반동 없이 바벨을 받쳐 주고, 동작 내내 일정한 속도를 유지한다. 그리고 바벨을 내릴 때 목(상부 승모근)과 손아귀에 힘을 빼도록 한다. 목에 힘을 많이 주면 동작이 뻣뻣해지면서 어깨관절에 부담이 많이 가고, 손아귀를 너무 꽉 잡으면 전완근에 힘이 많이 들어가면서 삼두박근과 팔꿈치에 자극이 많이 간다. 물론 협응근 역할을 하는 것은 맞지만 주동근 보다 힘이 먼저 들어가면 동작이 부자연스럽고 뻣뻣한 느낌이 들며 자극 또한 어깨뿐만 아니라 팔 전체로 퍼져서 운동의 효율이 떨어진다. 따라서 목과 손, 전완근에 힘을 빼야 자연스럽고 부드러운 동작이 가능해진다.

②
바벨은 팔꿈치가 직각이나 직각보다 살짝 좁게 될 때까지 내렸다가 밀어 올린다. 동작 중에는 상체를 계속 수직으로 세우고, 바벨을 내릴 때는 머리를 앞으로 살짝 숙여 바벨이 내려갈 공간을 만들어준다.

NG

팔꿈치가 수직

팔꿈치가 뒤로
빠진 상태

➕ TIP

일단 숄더 패킹은 하지 않는 것이 좋다. 숄더 패킹을 하면 견갑골을 후인하강 하느라
승모근에 힘을 많이 주게 되어 프레스 동작이 부자연스럽고, 견관절의 움직임이 뻣뻣
해진다. 그렇다고 숄더 패킹이 잘못됐다는 의미는 아니다. 견갑골의 움직임이나 견관
절 상태가 좋지 않은 사람은 숄더 패킹을 하는 것이 맞다. 다만 불편함이 없는 상태라
면 자연스러운 동작이 좋다.

프론트 프레스(밀리터리 프레스)

비하인드 넥 프레스와는 달리 프론트 프레스는 상완골을 외회전하기 때문에 동작이 훨씬 편하다. 바벨을 잡고 내리고 올릴 때 팔꿈치를 앞으로 살짝 내밀면 저절로 외회전이 된다. 그렇게 움직이면 동작 중에 견관절에 웬만해선 부담이 가지 않는다. 그래서 프론트 프레스를 많이 추천한다.

프론트 프레스를 하는 요령은 벤치 프레스와 마찬가지로 몸에 힘을 빼고 자연스럽게 몸쪽으로 받아주는 느낌으로 한다. 모든 중량은 지구의 중력 방향인 수직으로 떨어진다. 위에서 떨어지는 중량을 몸에 힘을 주면서 버티는 게 아니라 내 몸쪽으로 자연스럽게 받아준다고 생각하면 된다. 예를 들어, 누군가 볼링공처럼 무거운 물체를 던지면 어떻게 받을까? 선 채로 그냥 받지 않고 몸쪽으로 흡수하듯이 부드럽게 받는다. 프레스도 마찬가지로 바벨을 내릴 때 팔을 비롯한 목(상부 승모근)과 등(척추기립근)에 힘을 줘서 버티면서 내리는 게 아니라, 몸에 힘을 부드럽게 빼면서 바벨을 몸쪽으로 자연스럽게 받고 밀어 올린다. 저항 운동이라 해서 무조건 몸에 힘을 주면서 중량을 버티려 하지 마라.

① 벤치에 앉아 바벨을 어깨너비 보다 넓게 잡는다. 상체는 수직보다 약간 뒤로 기울여 벤치에 기대고, 명치를 살짝 들어 허리가 벤치에서 띄워지게 한다.

② 바벨을 내릴 때 양팔꿈치를 살짝 앞으로 내밀면서 외회전하고,
그 상태에서 어깨로 바벨을 떠받드는 느낌으로 밀어 올린다. 이때 바벨을 전면
삼각근(주동근)과 대흉근 쇄골지(협응근)로 밀어 올린다.

외반주인 사람의 올바른 운동법

외반주인 사람은 프론트 프레스를 할 때 외회전을 할 경우 삼두박근의 힘줄이 필요 이상으로 긴장되어 팔꿈치 안쪽에 힘줄이 튕기는 느낌이 들거나 팔꿈치에 부담이 많이 가해져 부상으로 이어질 수 있다. 따라서 외반주인 사람은 바벨을 내릴 때 팔꿈치를 반대로 살짝 내회전하면서 몸통 뒤쪽으로 내려주면 편해진다.

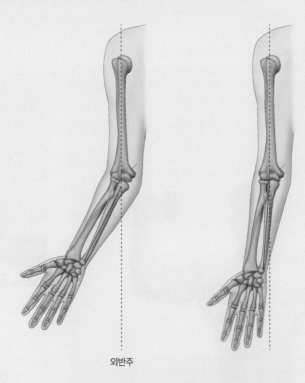

외반주

팔꿈치를 내회전 하면서 몸통 뒤쪽으로 내린다.

덤벨 숄더 프레스

삼각근 운동을 할 때도 투 조인트 운동과 원 조인트 운동이 있다. 주로 운동 순서는 투 조인트 운동을 먼저 하고 원 조인트 운동을 하는 것이 일반적이다. 덤벨 프레스도 바벨 프레스와 마찬가지로 자세를 잡은 뒤 항상 몸에 힘을 빼고 부드럽게 몸쪽으로 받았다가 밀어 올리도록 한다.

① 벤치에 앉아 양손에 덤벨을 들고 양팔꿈치가 직각이 되도록 한다.
이때 양팔꿈치는 몸통과 일직선을 이루도록 한다.

양팔꿈치가 몸통과
일직선인 상태

양손을 밀어 올릴 때에는
이두박근이 귀에 닿듯이 올려준다.
이때 무의식적으로 올리면 양팔이
몸 앞쪽으로 기울 수 있다. 따라서
뒤에 서 있는 사람의 턱을 치는
느낌으로 밀어 올리면 정확하게
수직으로 올라간다. 그리고 내릴
때에는 양손의 높이를 귀 높이
정도까지만 내려준다.

❶ CAUTION

더 무거운 중량을 들기 위해 반동을 주
면 안 된다. 동작 중에는 힘이 항상 일
정하게 들어가야 한다. 반동을 주기 위
해 내릴 때 힘을 뺏다가 들어 올릴 때
힘을 주는 것은 옳지 않다.

❶ CAUTION

삼각근은 어깨가
상완골과 수평을
이룰 때 수축력이
극대화되고, 수평보다
내려가면 수축력이
떨어진다. 따라서
덤벨을 잡은 손을 귀
높이까지만 내리도록
한다.

양손의 높이가
귀 높이보다
낮은 상태

양손을 밀어
올릴 때 상체는
고정되어야 한다.
동작 중에 상체가
앞뒤로 움직이지
않도록 한다.

상체가
앞으로 쏠린
상태

사이드 래터럴 레이즈

옆 어깨 운동인 사이드 래터럴 레이즈는 특히 어깨충돌에 주의해야 한다. 팔을 옆으로 들어 올릴 때 상완 골이 외회전하면서 올라가면 앞 어깨에 자극이 많이 가기 때문에 옆 어깨를 고립시키려고 내회전하면서 팔을 그대로 들어 올린다. 하지만 내회전하면서 팔을 많이 들어 올리면 어깨충돌이 일어날 수 있다. 즉, 사이드 래터럴 레이즈는 부상 위험이 높다. 그러므로 견관절이나 회전근개가 안 좋은 사람은 굳이 내회 전 동작을 고집하지 말자. 자칫 심한 부상으로 이어질 수 있다.

　　사이드 래터럴 레이즈는 옆 어깨보다 목이나 전완근 특히 승모근에 과한 힘을 쓰기 쉽다. 그래서 어 깨보다 승모근에 더 많은 자극이 가기도 한다. 승모근이 자연스럽게 개입되더라도 주동근인 옆 어깨에 최대한 많은 자극이 가야 한다. 그러기 위해선 목과 승모근에 힘을 빼고 덤벨을 잡은 손을 위로 들어 올 리고, 팔이 수평 높이 정도 올라오면 승모근도 같이 힘을 쓰자. 목부터 힘을 주면 승모근에 먼저 자극이 간다는 걸 명심하자.

①
양손에 덤벨을 들고 양발은
어깨너비로 벌리고 똑바로 선다.
양팔이 내회전하도록 상완골을
돌려주고 팔꿈치를 약간 굽힌다.

삼각근은 견관절만 지난다. 따라서 팔을 들어 올릴 때 내회전하면서 덤벨을 잡은 손아귀에 힘을 빼서 전완근에 너무 자극이 가지 않게 한다. 손아귀 힘은 빼고 팔꿈치로 덤벨을 들어 올린다고 생각하자. 그러면 삼각근에 힘이 자연스럽게 들어간다. 굳이 손에 힘을 줄 필요가 없다. 그리고 반동을 이용하여 덤벨을 던지는 느낌으로 들어 올리는 동작은 좋지 않다. 양손에 물이 가득한 양동이를 들고 있다고 상상하고 물을 흘리지 않도록 일정한 속도로 올렸다 내려야 한다. 그래야 중부섬유에 자극을 제대로 줄 수 있다. 그리고 동작 중에는 주관절(팔꿈치)을 완전히 펴는 것이 좋다.

②

양팔을 들어 올린다. 동작 중에는
항상 저항을 주면서 버티는 느낌과
일정한 속도로 움직인다.
덤벨의 높이는 귀 높이가 적당하다.

어깨충돌을 피하는 방법

첫째, 팔을 완전히 옆쪽으로 들지 말고 30도 정도 앞쪽으로 들어 올린다. 양팔을 Y자 모양으로 드는 것이다. 견갑골을 잘 살펴보면 늑골이 활처럼 둥글게 휘어 있어 견갑 골도 약 30도 정도 앞쪽으로 둥근 모양으로 되어 있다. 그래서 팔을 완전히 옆쪽으로 들면 어깨충돌이 오기 쉽다. 견갑골이 앞쪽으로 쏠린 만큼 팔을 30도 정도 앞쪽을 향해 들면 어깨충돌을 피하면서 옆 어깨에 충분한 자극을 줄 수 있다.

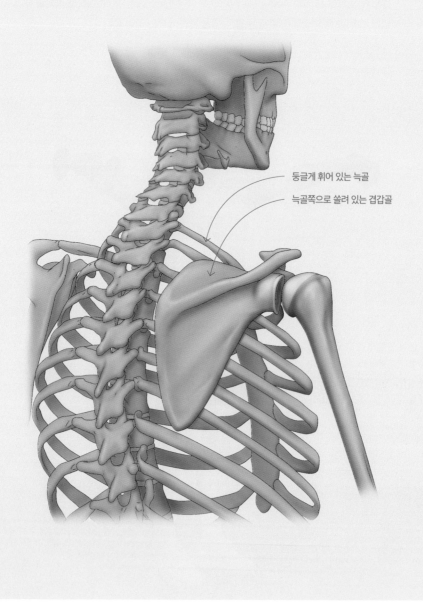

둥글게 휘어 있는 늑골

늑골쪽으로 쏠려 있는 견갑골

앞으로 30도 정도

둘째, 상완골을 과하게 내회전하면서 들지 말고 앞 어깨에 자극이 가더라도 살짝 외회전하도록 한다. 부상 위험을 감수하면서 굳이 내회전할 필요는 없다. 앞 어깨에 자극이 가더라도 옆 어깨도 얼마든지 운동은 같이 되고 있다.

OK **NG**

과도한 내회전

페이스풀

벤트 오버 레이즈는 초보자가 하기에 어렵지만 페이스풀은 초보자도 후면 삼각근에 자극을 잘 느끼면서 쉽게 따라 할 수 있다. 이 운동은 후면 삼각근과 승모근 중부섬유에 모두 자극이 가는데 자칫 승모근 중심이 될 수 있다. 따라서 시작 자세에서 목에 힘을 빼고 승모근이 먼저 수축되지 않도록 견갑골을 잘 고정시켜야 한다. 케이블을 당길 때는 바를 잡은 손으로 당기지 말고 손에 힘을 빼고 팔꿈치로 지그시 당겨야 한다. 당겼다가 놓을 때도 팔꿈치만 펴주고 견갑골은 계속 고정시켜야 한다. 견갑골이 움직이면서 동작하면 승모근에 자극이 더 많이 가게 된다.

① 케이블 머신에 앉아 바를 잡는다. 엉덩이는 살짝 뒤로 빼고 상체는 고정시킨다. 양손의 높이는 눈높이가 적당하다.

②

바를 당겨준다. 이때
손아귀에 힘을 빼고
팔꿈치로 당기듯이
잡아당긴다. 양팔을 당기고
다시 펼 때는 견갑골은
잡아주고 팔꿈치만 펴준다.
항상 일정한 속도와
힘으로 지그시 한다.

! CAUTION

바를 당길 때 승모근이 먼저 수축되
면 후면 삼각근에 자극이 덜 가므로
주의한다. 또한 양팔을 펼 때 견갑골
이 움직이지 않도록 잘 고정시켜야
한다. 동작을 계속 하다 보면 승모근
에 힘이 많이 들어가 목이 아플 수 있
으므로 양팔을 폈을 때는 목에 힘을
빼주도록 한다.

OK

당길 때 팔꿈치부터 출발

NG

견갑골을 먼저 당겨 승모근이 수축된 상태

리버스 펙 덱 플라이

덤벨을 사용하는 리어 래터럴 레이즈는 초보자의 경우 자세 잡기가 어려울 수 있다. 그런데 리버스 펙 덱 플라이 머신을 사용하면 후면 삼각근에 자극이 잘 가면서 안정된 자세로 운동할 수 있다. 이 운동도 자칫 잘못하면 중부 승모근 위주가 될 수 있다. 따라서 페이스풀과 마찬가지로 목에 힘을 빼고 팔꿈치를 완전히 펴서 손잡이를 잡고 새끼손가락을 바깥쪽으로 멀리 원을 그리듯이 당겨준다. 뒤로 당길 때 견갑골을 먼저 모으면서 당기거나 팔꿈치가 굽혀지면 승모근이 먼저 수축되므로 팔꿈치는 편 채로 잘 고정한다.

① CAUTION

혹자는 승모근 개입 없이 뒤 어깨만 고립시켜서 운동한다고 하는데, 우리 몸은 절대 한 근육만 움직일 수 없다. 즉, 뒤 어깨가 완전히 수축되려면 중부 승모근도 같이 수축되어야 한다. 따라서 삼각근 후부섬유를 수축하려면 승모근 중부섬유를 같이 사용한다는 것을 명심하자.

① 머신에 앉아 손잡이를 잡은 다음 상체를 똑바로 세우고 양팔꿈치는 곧게 편다.

② 새끼손가락으로 큰 원을 그리는 느낌으로 벌리되, 내 몸과 팔이 최대한 일직선을 이루는 지점까지 벌려준다. 견관절의 힘으로 움직일 수 있도록 동작 중에는 팔꿈치가 마치 깁스를 한 상태처럼 계속 고정시킨다.

NG

⚠ CAUTION

동작 중에 힘이 들면 팔꿈치가 구부러지며 팔이 아래로 처지는 경우가 있다. 이렇게 되면 견갑골 쪽에만 자극이 가고 뒤 어깨 쪽에는 힘이 빠지게 된다. 주관절은 항상 잘 펴진 상태에서 동작을 해야 한다. 틀린 자세로 하면 후면 삼각근보다 협응근인 승모근에 자극이 더 가게 된다.

팔꿈치가
구부러진 상태

리어 래터럴 레이즈

보통 투 조인트 운동으로 수행하는 프레스류의 운동은 일반 사람들이 어렵지 않게 따라 할 수 있다. 그러나 원 조인트 운동은 동작은 비슷하게 따라 해도 타깃 부위보다 주변 근육에 먼저 자극이 가는 경우가 많다. 따라서 타깃 부위에 최대한 집중하면서 자극을 잘 느껴야 한다. 투 조인트 운동보다 원 조인트 운동이 어렵지만 근육의 구조를 알면 쉽게 할 수 있다.

삼각근의 세 근육들은 모두 견관절에 붙어 있는데, 원 조인트 운동인 덤벨 레이즈를 할 때는 주관절 아래(팔꿈치 아랫부분)로는 힘을 쓰면 안 된다. 그런데 힘을 쓰지 말아야 할 손목이나 전완근의 힘을 쓰기 때문에 동작이 잘못되면서 어깨에 자극을 제대로 주지 못하고 주변 근육에 자극이 가는 것이다. 따라서 주관절 아래는 마치 깁스를 한 것처럼 고정하고 견관절만 움직여야 한다. 덤벨을 잡고 있는 손아귀에 힘은 최대한 빼주면서 팔꿈치로 들어 올리듯이 한다.

벤치에 앉아 덤벨을 잡고 상체를 숙인다. 고개를 가볍게 당겨 승모근이 지나치게 수축되지 않게 한다. 양손은 자연스럽게 늘어뜨리고, 양발은 살짝 앞으로 내밀어 몸이 앞으로 쏠리지 않도록 균형을 잡는다.

몸통이 앞으로 쏠리지 않도록

②

상체를 살짝 들면서 동시에 덤벨을 잡은 손이 아닌 팔꿈치로 들어 올린다. 마지막 지점에서는 승모근도 같이 수축되어야 한다. 팔꿈치를 들어 올릴 때부터 승모근이 먼저 수축되지 않도록 주의한다.

➕ TIP

올바른 팔꿈치 사용법

덤벨을 잡을 때 너무 강하게 잡으면 전완근의 힘이 많이 개입되는데, 삼각근 후면섬유가 견관절을 지나기 때문에 전완근은 힘을 쓸 필요가 없다. 그리고 뒤 어깨가 수축해야 하므로 팔꿈치 힘으로 당기면 뒤 어깨에 힘이 자연스럽게 들어간다. 전완근의 개입 없이 팔꿈치 힘만 사용하려면 덤벨을 가볍게 잡는다. 동작은 앉아서 해도 되고 서서 해도 된다.

NG

전완근에 힘이 많이 들어간 상태

➕ TIP

뒤 어깨(후면 삼각근)만 고립시켜서 운동해야 한다?

레이즈 동작을 할 때 승모근의 개입 없이 뒤 어깨(후면 삼각근)를 고립시켜서 해야 한다고 주장하는 사람들이 있다. 얼핏 맞는 것 같지만 근육의 구조를 이해하면 이는 모순이라는 걸 금방 알 수 있다. 우리 몸의 근육은 한 근육만 독자적으로 움직일 수 없다. 뒤 어깨는 견갑골 골극 밑에 붙어 있고, 견갑골 골극 위쪽으로는 승모근이 붙어 있다. 이처럼 승모근이 견갑골의 움직임과 연관이 있는데 견갑골에 붙어 있는 어깨만 혼자 움직인다는 것은 불가능하다.

벤트 오버 레이즈

어깨는 앞 어깨, 옆 어깨, 뒤 어깨로 구분되는데, 멋진 어깨 근육을 완성하려면 뒤 어깨, 즉 후면 삼각근이 잘 발달해야 한다. 앞쪽과 옆쪽 근육이 잘 발달해도 뒤쪽 근육이 작으면 전체적으로 약해 보인다. 그런데 앞과 옆 어깨는 자극을 주기 쉬운 반면 뒤 어깨는 쉽지 않고 운동 동작 또한 굉장히 힘들다. 후면 삼각근은 견갑골에 붙어 있는데, 견갑골에는 승모근도 붙어 있다. 따라서 승모근 중부섬유와 후면 삼각근은 같이 움직인다고 보면 된다. 이 말은 곧 승모근의 힘을 많이 쓰면서 운동한다는 것이다. 벤트 오버 레이즈는 바벨 로우 동작과 매우 흡사하다. 리어 래터럴 레이즈 동작을 서서 허리를 숙이고 한다고 생각하면 된다. 벤트 오버 레이즈는 광배근 운동에서처럼 승모근을 많이 쓰면서 후면 삼각근 운동을 하는 것이다.

① 똑바로 서서 양손에 덤벨을 잡고, 상체를 앞으로 숙이고 양팔은 자연스럽게 늘어뜨린다. 이때 양손에 힘을 주지 말고 덤벨이 손바닥에 얹혀 있다는 느낌으로 잡는다.

② 손목에는 힘을 주지 말고 양팔꿈치로 덤벨을 중력 반대 방향으로 들어 올린다. 이때 허리를 고정시키지 말고 살짝 들어주면서 승모근을 최대한 이용하여 들어 올린다. 마치 새가 날개짓을 하는 듯한 모양이다.

ⓘ CAUTION

덤벨을 들어 올릴 때 양팔을 바깥쪽으로 흔들듯이 올리지 말고, 중량을 팔꿈치로 중력 반대 방향으로 들어 올리듯이 한다. 즉, 양팔이 어깨와 수평을 이루는 지점까지는 옆으로 올리는 느낌이지만, 그 이후부터는 견갑골로 위쪽으로 들어 올리는 느낌으로 해야 자극이 강하게 온다.

NG
양팔만 바깥쪽으로
들어 올린 상태

➕ TIP

초보자를 위한 운동법
벤트 오버 레이즈 자세를 잡기 어려우면 인클라인 벤치를 이용하자. 벤치에 엎드려 팔꿈치만 들어 올리는 동작으로도 뒤 어깨에 충분한 자극을 줄 수 있다.

CHAPTER
07

팔
운동

이두근의 구조

WORKOUT #01 스탠딩 바벨 컬

WORKOUT #02 프리처 컬

WORKOUT #03 얼터네이트 덤벨 컬

WORKOUT #04 해머 컬

WORKOUT #05 케이블 컬

삼두근의 구조

WORKOUT #01 케이블 푸시 다운

WORKOUT #02 라잉 트라이셉스 익스텐션

WORKOUT #03 스탠딩 트라이셉스 익스텐션

WORKOUT #04 원 암 덤벨 오버헤드 익스텐션

이두근의 구조

우리가 흔히 알통이라 일컫는 이두근은 팔 상박 앞쪽 근육으로, 장두와 단두 등 근육 머리 2개가 붙어 있는 상완이두근과 상완근, 오훼완근으로 구성되어 있다. 전완근에는 척골과 요골이라는 2개의 뼈가 있는데, 상완이두근 장두와 단두는 팔의 바깥쪽 뼈인 요골 중간 지점에 힘줄로 붙어 주관절을 지나 장두는 대결절에, 단두는 견갑골의 오구돌기에 붙어 있다. 즉, 상완이두근은 주관절과 견관절 포함 2개의 관절을 지나는 투 조인트 근육이다. 이것은 무엇을 의미할까? 상완이두근은 2개의 관절을 모두 움직이는 투 조인트 운동을 해야 한다는 것이다.

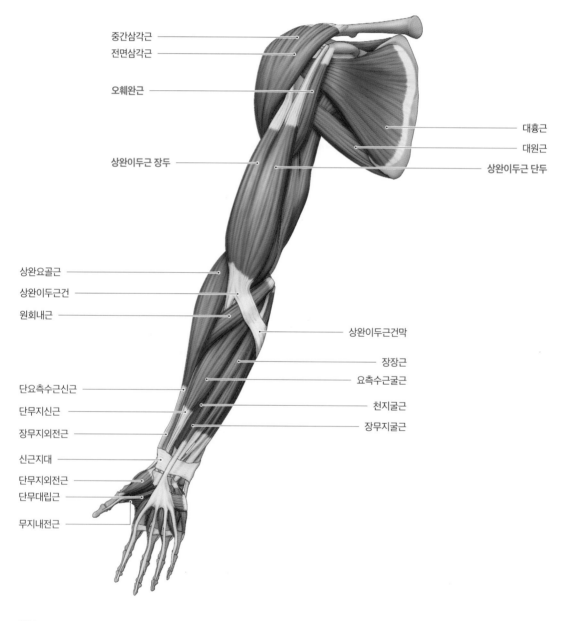

중간삼각근
전면삼각근
오훼완근
상완이두근 장두
대흉근
대원근
상완이두근 단두
상완요골근
상완이두근건
원회내근
상완이두근건막
장장근
요측수근굴근
단요측수근신근
천지굴근
단무지신근
장무지굴근
장무지외전근
신근지대
단무지외전근
단무대립근
무지내전근

반면에 척골에서 상완골까지 이어지는 상완근과 상완골에서 견갑골의 오구돌기까지 이어지는 오훼완근은 원 조인트 근육이다. 실제 팔 앞쪽은 상완이두근 장두, 상완이두근 단두, 상완근, 오훼완근 등 네 갈래의 근육으로 구성되어 있다. 이렇게 투 조인트 근육과 원 조인트 근육이 함께 붙어 있으면 당연히 투 조인트 운동을 해야 한다. 물론 원 조인트로 해도 운동은 되지만 더욱 정확하고 안정된 움직임으로 근육에 강한 자극을 느끼기 위해선 투 조인트 운동을 해야 한다.

그리고 상완이두근은 견관절의 굴곡, 주관절의 강한 굴곡, 주관절의 회외 기능을 한다. 쉽게 말해서 상완이두근이 견관절에 붙어 있기 때문에 견관절의 굴곡 기능이 있고, 또 주관절을 지나 요골에 붙어 있기 때문에 주관절의 굴곡 기능이 있다. 그리고 팔을 강하게 굽힐 때 전완근 부분이 바깥쪽으로 살짝 돌아가는데 이것이 주관절의 회외 기능이다.

그런데 전완근을 안쪽으로 회내시켜서 당기면 이때는 상완근이 주로 힘을 쓰게 된다. 그리고 운동을 하거나 일상생활에서 너무 무리하게 근육을 사용하다 보면 부상을 당하거나 심한 통증을 느낄 수 있다. 상완이두근 같은 경우에는 주로 골프 엘보와 같은 힘줄 통증이 많이 나타나고, 어깨 전면 통증이나 주관절 통증도 나타나며, 심한 경우 주관절을 펴기도 힘들어진다. 팔꿈치를 굽히고 있다가 펼 때 혹은 펴고 있다가 굽힐 때와 같이 주로 시작 동작에서 통증이 나타난다.

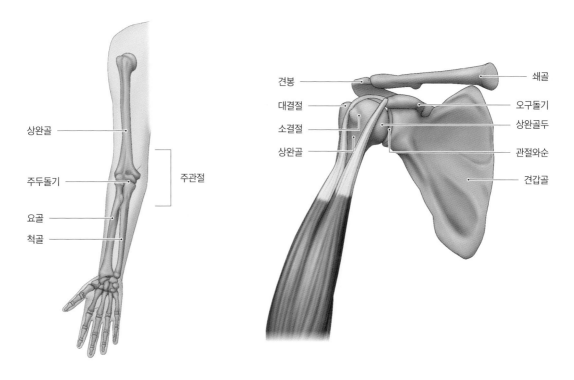

스탠딩 바벨 컬

바벨 컬은 주관절과 견관절을 모두 움직이는 투 조인트 운동이다. 운동을 수행할 때는 '바벨로 원을 그리 듯 움직여준다'는 생각으로 하면 동작이 정확하게 된다. 이두박근과 삼두박근 운동의 핵심은 팔이 수직 방향으로 회전 운동을 한다는 것이다. 쉽게 말해, 수직으로 손을 그대로 감아올리면 원이 그려진다. 만약 원 조인트 운동, 즉 어깨를 고정하고 팔꿈치만 쓰면 원이 작다. 반면에 견관절을 사용하여 움직이면 원이 커진다. 바벨이나 덤벨을 잡고 운동할 때는 큰 동작으로 해야 한다. 그래야 근육의 힘을 최대한 쓸 수 있고 근육에 완전한 수축을 일으켜 강한 자극을 느낄 수 있다.

바벨을 언더 그립으로 잡는다. 이때 손목은 전완근과 일자가 되게 하면서 손목을 살짝 안으로 말아 넣는 듯한 느낌으로 바벨을 잡는다. 허리를 곧게 펴고 엉덩이를 뒤로 살짝 빼면서 아나토미 자세로 선다. 그래야 반동을 방지할 수 있다.

바벨 컬을 할 때 어깨가 아픈 이유는 2가지이다. 첫째, 상완이두근의 천층근육인 삼각근이 먼저 힘을 써서 견관절을 안정시키고 팔을 감아올리면서 이두박근이 수축한다. 이때 이두박근이 최대한 힘을 쓰면서 완전한 수축을 하기 위해 삼각근이 같이 힘을 쓰기 때문에 어깨에도 그만큼 자극이 간다. 둘째, 견관절에는 대흉근, 상완이두근, 회전근개(극상근, 극하근, 소원근, 견갑하근) 등 여러 근육들이 붙어 있는데, 이 중에 어느 한 근육이라도 부상을 당하면 견관절을 움직일 때 무조건 통증이 나타난다. 그런데 삼각근 자체에는 부상이 잘 안 생긴다. 따라서 이두근 운동을 할 때 어깨 통증이 있다면 대흉근이나 상완이두근 또는 회전근개 중에서 다쳤다고 봐야 한다. 이두박근 운동 때문에 어깨 통증이 생긴 것이 아니라, 어깨가 아픈 데 이두박근 운동을 해서 통증이 오는 셈이다. 운동은 통증을 참으면서 하면 안 된다. 운동 수행 능력은 떨어지고 관절의 염증은 더욱 심해질 수 있다. 무리하지 말고 치료한 뒤 운동하기 바란다.

② 바벨을 든 팔을 편 상태에서 어깨부터 살짝 들어 올린다(투 조인트 운동). 이때 엉덩이와 배를 앞으로 내밀면서 반동을 주지 않도록 주의한다.

③ 들어 올린 어깨와 상체를 잘 고정하고, 바벨 잡은 손을 턱까지 감아올린다. 그다음 팔꿈치부터 펴고 어깨를 내린 뒤 호흡을 들이마신다.

동작을 시작할 때 손목을 먼저 사용하면 안 된다. 우리 몸은 먼저 쓰는 근육에 자극이
먼저 간다. 만약 손목을 먼저 움직이면 전완근이 먼저 운동한다. 그러면 자극을 줘야
할 주동근에는 오히려 자극이 덜 가게 된다. 따라서 바벨을 감아올릴 때는 견관절을
먼저 쓰고 주관절을 감아올려야 한다(투 조인트 운동). 그리고 바벨을 내릴 때는 주관
절을 먼저 펴고 견관절을 펴는 것이 키포인트다. 동작 중에는 최대한 반동을 주지 않
는 것이 좋다.

OK

어깨부터 먼저!

NG

팔꿈치부터
먼저!

➕ TIP

선수들은 원 조인트 운동으로 하던데!

선수 같은 상급자들이 원 조인트로 동작하는 이유는 주동근을 최대한 고립시켜 특정 부분에 집중적으로 자극을 주고자 하기 때문이다. 또한 팔꿈치를 회내하여 바벨을 잡고 하는 것은 상완근을 집중적으로 키우기 위함이다. 팔 운동을 원 조인트로 수행한다고 해서 틀린 건 아니다. 하지만 기본적으로 투 조인트 운동이기 때문에 투 조인트로 하길 권한다. 근육은 원래 붙어 있는 관절과 그 근육의 기능대로 움직여 주는 게 가장 좋다. 시간이 지나 근육이 발달하고 경력이 쌓이면 그때 원 조인트 운동으로 특정 부분을 발달시키는 훈련을 해도 늦지 않다. 항상 기본을 중요시해야 한다. 기본만 잘해도 얼마든지 멋지고 훌륭한 몸을 만들 수 있다.

그다음
팔꿈치

팔꿈치부터

그다음
어깨

그다음
어깨

어깨부터

그다음
팔꿈치

프리처 컬

프리처 컬은 약간 경사진 벤치에서 동작을 수행하는 데 바벨 또는 덤벨을 사용한다. 바벨은 스트레이트 바 또는 EZ바가 좋은데, 손목 상태와 그립감 등을 고려해서 선택하면 된다. 바벨이든 덤벨이든 운동 방법은 동일하다. 프리처 컬은 팔꿈치를 벤치에 대고 하기 때문에 투 조인트 운동보다는 원 조인트 운동으로 하는 것이 낫다. 다만 원 조인트 운동으로 하더라도 팔꿈치를 패드에서 살짝 띄우고 회전을 크게 하는 것이 중요하다. 그래야 수축감이 극대화된다.

1

상완을 벤치의 경사면에 대고 EZ바를 잡는다. 이때 양어깨는 정면을 바라보게 하고 전완근이 안쪽으로 돌아가지 않도록 회외시켜 바를 잡는다.

②

바를 턱 앞쪽으로 말아 올리듯이 감아당긴다.
바를 감아당길 때 팔꿈치를 벤치에서 살짝
띄우면 회전이 커지면서 수축감이 극대화된다.

③

그다음 어깨가 바에 딸려가지 않도록 버티면서
내린다. 이때 몸의 중심은 뒤쪽에 두고, 시선은
계속 이두박근을 향하여 최대한 이완수축되는
것을 보는 것이 좋다.

NG

어깨가
딸려간 상태

먼저 시작 자세에서 바벨이나 덤벨을 잡았을 때 팔은 살짝 바깥으로 회외시킨다. 팔을 당겨 수축됐을 때 전완근과 이두근은 서로 거의 일직선이 되야 한다. 동작 중에 팔이 회외했는지 알 수 있는 가장 확실한 방법은 엄지손가락의 방향을 확인하는 것이다. 덤벨을 잡고 수축 시 엄지손가락을 펼쳐 오른손 엄지는 3시, 왼손 엄지는 9시 방향을 가리키면 정확하게 수행하고 있는 것이다.

OK

전완근과 이두근이 일직선 상태

NG

회외한 상태

NG

회내한 상태

OK

엄지가 각각 3시, 9시 방향을 가리킨다.

OK　　　　　　　　**NG**　　　　　　　　**NG**

전완근과
이두근이
일직선 상태

회외한 상태

회내한 상태

➕ TIP

근육은 근복과 힘줄로 구성되어 있는데, 근육 덩어리를 근복이라 하고 근복의 끝과 끝은 힘줄로 이어져 있다. 여기서 힘줄 부분은 절대 근육이 될 수 없다. 사람에 따라 근육의 크기나 모양이 다른데, 이두박근도 마찬가지로 어떤 사람은 상완골 시작 부분부터 근복이 꽉 채워져 있는 반면, 어떤 사람은 상완골 중간 부분부터 채워져 있어 근복이 비어 있는 부분을 볼 수 있다. 항간에 어떤 사람들은 프리처 컬이나 컨센트레이션 컬을 하면 비어 있는 힘줄 부분을 근육으로 채울 수 있다고 하는데 절대 불가능하다. 아무리 운동을 열심히 하고 아무리 많이 먹어도 힘줄 자체에는 근육이 나오지 않는다. 운동을 열심히 하면 근육이 비대해져서 근복이 점점 커지는 것이지, 비어 있는 힘줄 부분이 절대 근육으로 채워지는 것은 아니다. 그렇다고 해서 절대 실망할 필요는 없다. 어떤 모양의 근육이든 열심히 단련시키면 누구나 멋지고 훌륭한 몸을 만들 수 있다. 운동으로 단련된 근육은 그 자체로 아름답다.

얼터네이트 덤벨 컬

얼터네이트 덤벨 컬은 스탠딩 바벨 컬과 방식은 같은데 덤벨을 잡고 한 팔씩 교대로 한다는 차이가 있다.
바벨 컬과 마찬가지로 어깨를 먼저 움직이고 주먹을 말아올리는 느낌으로 해야 하며 투 조인트 운동이다.

① 허리를 펴고 아나토미 자세로
서서 덤벨을 잡는다. 덤벨이
움직일 때 허벅지에 닿지 않도록
양발을 살짝 모아준다.

견관절 먼저

② 몸통은 정면을 향한 상태에서 한쪽 견관절을 먼저 쓰면서 팔을 살짝 뒤로 보냈다가 앞으로 보낸다. 동시에 어깨를 고정하고 팔꿈치를 구부리면서 덤벨을 감아올려 수축하고 내린다. 반대쪽 팔도 반복한다.

어깨가 틀어지면 안 된다. 손목은 곧게 펴고 고정된 채로 항상 전완근과 일자를 만들어야 한다. 그리고 덤벨을 들어 올릴 때 항상 견관절이 먼저 움직이고 그다음 팔꿈치를 구부리면서 덤벨을 감아올려야 한다. 모든 이두근 운동에서는 덤벨을 내릴 때 절대 어깨가 앞으로 딸려 오면 안 된다. 몸의 중심은 늘 뒤쪽에 있어야 한다.

NG

어깨가
틀어진 상태

OK

손목과
전완근이
일자 상태

NG

손목이
굽은 상태

OK

덤벨을 내릴 때
어깨를 고정하고
팔꿈치를 편 상태

NG

덤벨을 내릴 때
어깨를 먼저
내린 상태

➕ TIP

적절한 운동 템포 맞추는 방법

보통 덤벨 컬을 너무 급하게 하는 사람이 많다. 가령 동작을 할 때 한 팔을 폄과 동시에 반대쪽 팔을 곧바로 굽히는 식이다. 그렇게 하다 보면 자신도 모르게 점점 더 급해지면서 템포는 빨라지고 힘만 더 들게 된다. 템포의 핵심은 '반 박자 쉬고'이다. 한 팔을 펴고 나서 힘을 뺀 뒤, 그다음 무게중심을 반대쪽으로 옮겨서 반대쪽 팔을 움직여주면 된다.

해머 컬

해머 컬은 목표 근육이 상완근이기 때문에 운동 경력이 많은 사람이 하면 좋은 운동이다. 상완근은 선수들이 포즈를 잡을 때 팔의 바깥쪽 부분에서 이두박근과 삼두박근 사이에 보기 좋게 볼록하게 나오는 근육이다. 그동안의 팔 운동과는 달리 상완근은 원 조인트 운동으로 해야 한다. 바벨이나 덤벨을 잡을 때 해머 컬이나 리버스 바벨 컬처럼 주관절(전완근) 부분이 회내하도록 잡아서 컬 동작을 하면 이두근보다 상완근에 자극이 많이 가게 된다.

① 인클라인 벤치에 앉아 덤벨을 잡는다. 서서 해도 되는데 인클라인 벤치에서 하는 걸 추천한다. 팔에 힘을 주지 말고 편안하게 늘어뜨린다.

스탠딩 버전

② 견관절을 고정하고 주관절만 이용하여 한쪽 손을 들어 올린다. 덤벨을 들어 올릴 때 팔을 회내시키면서 올려야 상완근에 자극이 집중된다. 내릴 때는 망치질을 하듯이 내린다.

스탠딩 버전

❗ CAUTION

견관절을 움직이면 투 조인트 운동이 된다. 해머 컬은 다른 이두박근 운동과는 달리 상완근을 집중적으로 키우는 것이 목적인데, 상완근은 원 조인트 근육이다. 따라서 견관절을 고정하고 원 조인트 운동으로 해야 한다.

NG
견관절이
움직인 상태

NG
견관절이
움직인 상태

WORKOUT #05

케이블 컬

케이블 컬은 일어서서 해도 되고 앉아서 해도 된다. 단, 일어서서 하면 아무래도 팔 지지대가 없기 때문에 운동 경험이 많지 않은 사람은 중심 잡기가 힘들 수 있다. 그럴 때는 아예 앉아서 하는 게 낫다. 팔꿈치를 무릎에 대고 고정시킨 채 하면 안정감 있는 자세를 잡을 수 있다.

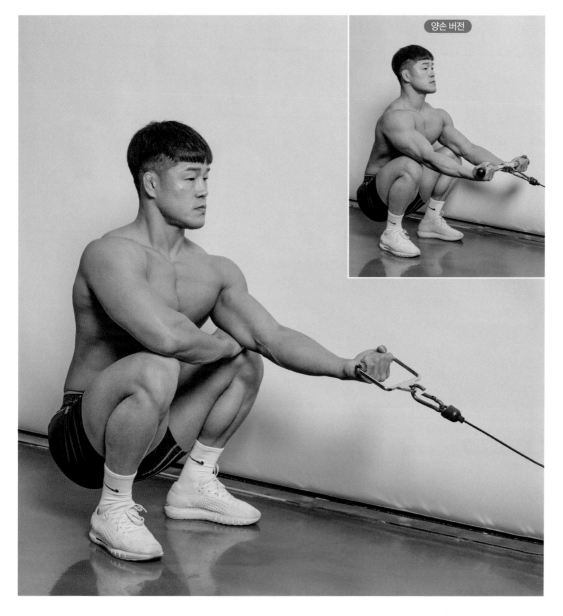

양손 버전

① 벤치에 또는 쭈그려 앉아 언더 그립으로 케이블 손잡이를 잡는다. 팔꿈치는 무릎 바깥쪽에 위치시켜 지지하고 어깨는 정면을 향한다. 양손으로 할 때는 스트레이트 바를 사용한다.

150

양손 버전

② 어깨 방향을 고정한 채 주먹을 턱 밑으로 집어넣는 느낌으로 케이블을 감아올린다.
수축된 팔을 펼 때는 어깨가 팔에 딸려가지 않도록 버티면서 내린다. 팔을 펼 때는
몸의 중심을 항상 뒤쪽에 두고 몸이 뒤로 가는 느낌으로 한다.

OK

어깨 고정

NG

어깨가 딸려
간 상태

OK

NG

OK   NG

⊘ CAUTION

앉아서 할 때 팔꿈치를 무릎 위에 놓으
면 팔꿈치와 무릎관절이 서로 맞닿아
움직일 때 관절이 아플 수 있다. 따라
서 상완골 중간, 삼두박근 근복이 있는
부분을 무릎에 닿게 한다.

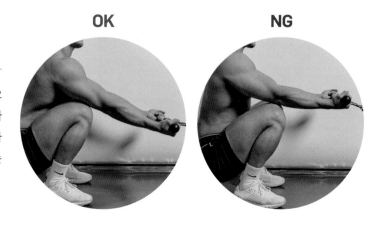

쪼그려 앉기가 힘든 경우!

아킬레스건과 가자미근에 유연성이 없으면 쪼그려 앉지 못하는 경우가 있다. 그럴 때
는 엉덩이를 완전히 바닥에 붙이고 앉아도 된다. 또는 큰 덤벨에 앉아서 해도 무방하
다. 일어서서 하는 경우에는 '스탠딩 바벨 컬'을 한다고 생각하면 된다. 원리는 똑같다.

중량을 최대한으로 올리고 싶을 때!

중량을 최대한으로 올리고 싶거나 횟수를 더 하고 싶을 때 도와줄 사람이 없다면 반
대쪽 손을 이용하기 바란다. 당길 때만 살짝 도와주고 내릴 때는 놓아주면 된다. 이런
식으로 몇 개만 더 수행하면 운동 효과를 극대화할 수 있다. 중량을 무겁게 하거나 횟
수를 많이 하는 것이 중요한 게 아니라 목표 근육에 자극이 잘 가도록 하는 것이 무엇
보다도 중요하다는 걸 꼭 명심하자!

케이블 푸시 다운

삼두근 운동을 할 때 가장 먼저 하면 좋은 운동으로, 케이블로 시작하면 덤벨이나 바벨 보다 관절에 무리가 덜 가는 장점이 있다. 대부분 이 운동을 원 조인트로 하는데 필자는 투 조인트로 할 것을 추천한다. 물론 원 조인트로 해도 좋지만 투 조인트를 추천하는 이유는 근육이 지나간 관절을 모두 움직여 근육에 완전한 수축과 강한 자극을 주고 관절의 부담을 줄여 부상을 예방하고자 함이다. 투 조인트로 하면 처음엔 어색할 수 있는데 동작을 정확히 익히고 나면 효과가 매우 좋다. 장두를 쓰기 위해서 투 조인트로, 즉 견관절을 사용하는 것이 핵심이다. 보통 주관절로 케이블을 당겨 누르듯이 운동을 수행하는 경우가 많은데, 그러면 원 조인트 운동이 되니 주의해야 한다.

① 양손으로 케이블을 잡고 팔꿈치를 굽히고 허리를 살짝 숙인다.

② 팔꿈치를 먼저 펴고 견관절을 움직여 펴진 팔을 겨드랑이 쪽으로 쭉 당겨 완전히
   수축시킨다. 이 동작에서 손은 원을 그리듯이 움직인다.

❗ CAUTION

팔을 당겼다가 굽힐 때 팔꿈치를 최대한
굽혀 준다. 팔꿈치를 최대한 굽힌다는
것은 상완삼두근이 최대한 이완된다는
뜻이다. 팔꿈치를 덜 굽힌 상태에서 팔
을 펴면 그만큼 상완삼두근이 이완이 덜
된다는 것이니 주의하기 바란다.

NG

상완삼두근이
덜 이완된 상태

팔꿈치를
덜 굽힌 상태

케이블 푸시 다운의 다양한 응용 동작

케이블 푸시 다운은 다양한 동작으로 수행할 수 있다.

뒤돌아서 하는 경우

① CAUTION

팔꿈치 외에 어깨도 움직여야
투 조인트 운동이 된다.

① 한쪽 발은 뒤로 빼고 허리를
충분히 숙인다.

② 팔꿈치를 굽히면서 어깨를 뒤로 던졌다가
케이블이 머리에 안 닿도록 양손을 정면으로
뻗어준다.

① CAUTION

돌아서 할 때에는 케이블을 당긴 후에 뒤로 돌아야 잘 당겨진다.

OK

케이블을 먼저
당긴다.

①

②

③

NG

먼저 뒤로
돌은 상태

케이블을 아래로 이동해서 하는 경우

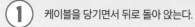

① 케이블을 당기면서 뒤로 돌아 앉는다.

② 팔꿈치를 굽히면서 케이블을 뒤통수까지
내렸다가 편다. 이때 손바닥을 천정을 향해서
올린다고 생각하면 된다.

이 외에 다양한 방법을 시도해봐도 좋다. 자신이 동작 수행을 더 잘 할 수 있고 더
수월하게 할 수 있는 방법으로 운동하면 된다. 모든 사람에게 똑같이 들어맞는 가장
좋고 효율적인 자세란 없다.

라잉 트라이셉스 익스텐션

삼두근 크기를 키우는 데 가장 좋은 운동으로 적극 추천한다. 다만 목과 어깨에 힘을 주고 어깨를 고정한 채 팔꿈치만 굽혔다 폈다 하는 원 조인트 운동으로 하면, 삼두근에 자극은 잘 가지만 팔꿈치 쪽에 부하가 많이 걸려 운동을 제대로 할 수 없다. 팔꿈치의 힘만 쓰다 보니 팔꿈치 관절에 부담이 많이 가고 삼두박근의 외측두, 내측두, 그리고 장두의 일부 힘만 사용하게 된다. 즉, 힘의 원천인 장두의 힘을 덜 쓰기 때문에 팔꿈치에 부하가 많이 걸리는 것이다. 따라서 투 조인트 운동으로 해야 장두가 있는 겨드랑이 밑부분까지 자극이 많이 가게 되어 팔꿈치 부담이 줄어든다.

이 운동을 할 때는 목과 어깨에 힘을 빼고 바벨을 잡고 견관절, 즉 어깨를 먼저 움직이면서 팔꿈치를 굽혀야 팔꿈치에 부담을 주지 않는다. 투 조인트 운동으로 해야 삼두근 장두가 완전히 수축하면서 팔꿈치에 걸리는 부하를 상쇄시켜 관절이 편해진다. 이는 높은 건물에 설치한 피뢰침의 원리와 같다. 번개의 높은 전류가 피뢰침을 통해 땅속으로 상쇄되어 주위에는 전혀 피해가 없듯이 투 조인트로 움직여 삼두근 장두가 수축하면서 팔꿈치의 부담을 해소시켜 주는 것이다. 꼭 투 조인트 운동으로 하길 바란다.

EZ바를 잡고 벤치에 누워 팔을 펴면서 EZ바를 들어 올린다. 허리에 살짝 아치를 만들고 명치를 살짝 들어 아나토미 자세를 취한다.

먼저 EZ바를 머리 뒤로 던지듯이 견관절을 살짝 움직인다.

팔꿈치를 굽히면서 EZ바를 정수리까지 내린다.

NG

견관절을 움직이지
않고 팔꿈치만
굽힌 상태

EZ바를 올릴 때는 반대로 팔꿈치를 먼저 펴고
그다음 견관절을 살짝 움직여 시작 자세로
돌아간다.

❗ CAUTION

운동을 수행할 때 항상 광배근으로 몸의 중심을 잡고 지탱해야 한다. 절대 어깨로 버
티거나 목(상부 승모근)에 힘을 줘서 버티면 안 된다. 어깨관절이나 팔꿈치 통증을 유
발할 수 있다.

스탠딩 트라이셉스 익스텐션

스탠딩 트라이셉스 익스텐션은 서서 해도 되고 앉아서 해도 된다. 앉아서 등받이에 기대면 동작을 편하게 할 수 있다. 스탠딩 트라이셉스 익스텐션 역시 투 조인트 운동이다. 뒤로 넘길 때 팔꿈치만 굽히는 게 아니라 어깨도 살짝살짝 움직여 주어야 한다. 그렇게 하면 겨드랑이를 지나 견갑골까지 붙어 있는 장두에 수축감이 느껴진다. 원 조인트 운동으로 했을 때 팔꿈치에 걸리는 부하가 분산되어 자극이 장두까지 전해지는 것이다.

①

오버헤드 그립으로 EZ바를 잡은 뒤 팔을 어깨 위로 편다.

❗ CAUTION

이 운동에서도 마찬가지로 어깨에 힘을 주며 버티면 안 된다. 그러면 어깨 통증이 생길 수 있다. 삼두근 운동을 할 때 어깨 통증을 느끼는 사람은 거의 어깨로 버티기 때문이다. 이는 스탠딩 트라이셉스 익스텐션 포함 모든 삼두근 운동에 적용된다. 따라서 광배근으로 버티면서 어깨 힘은 빼고 부드럽게 해줘 부담이 가지 않도록 해야 한다.

② EZ바를 뒤로 넘기듯 어깨를 살짝 뒤쪽으로 움직인다. 그다음 팔꿈치를 자연스럽게 내리면서 완전히 굽힌다. 팔꿈치를 다시 위로 펴면서 시작 자세로 돌아간다.

❶ CAUTION

두 팔이 귀에서 너무 떨어지면 안 된다. 뒤로 내릴 때는 자연스럽게 벌어지지만 올릴 때는 귀 옆에 붙인다고 생각하자.

➕ TIP

삼두근과 광배근의 상관관계

삼두근 운동을 하는데 광배근에 자극이 느껴진다? 광배근에 힘이 들어간다는 건 정확한 동작으로 수행하고 있다는 증거이다. 삼두근의 천층근육인 광배근이 삼두근의 힘을 잘 쓸 수 있도록 허리를 받치면서 몸의 중심을 잡기 위해 힘이 들어가는 것이다. 요추와 척추를 받치고 있는 광배근은 이두근 근구에 붙어 있다. 여기서 삼두근이 광배근을 덮고 있고 삼두근의 끝자락이 새끼손가락이다. 광배근에 힘을 주면 삼두근과 새끼손가락에 힘이 들어가는 이유이다. 보디빌딩 대회를 유심히 살펴보면 라인업 자세를 취하는 선수들이 주먹을 쥐고 있거나 새끼손가락을 말아 쥐고 있다. 팔을 내회전하여 새끼손가락을 꽉 쥐면 앞서 말한 근육의 구조상 광배근과 삼두근에 힘이 들어가는 것을 이용하는 것이다. 등받이에 기대지 말고 상체를 세운 상태에서 트라이셉스 동작을 하면서 광배근에 힘이 들어가는지 아닌지 직접 느껴보자. 분명히 광배근에 힘이 굉장히 많이 들어갈 것이다. 즉, 광배근이 자리 잡고 기능을 해줘야 몸의 중심이 잡히면서 삼두근이 제대로 힘을 쓸 수 있다.

원 암 덤벨 오버헤드 익스텐션

원 암 덤벨 오버헤드 익스텐션도 서서 해도 되고 앉아서 해도 된다. 다만 허리는 똑바로 펴고 광배근에 힘을 주는 것은 동일하다. 이 운동도 팔꿈치만 움직이면 가벼운 무게라도 주관절에 부담이 많이 간다. 따라서 견관절도 살짝 움직여 주면서 동작을 수행한다. 견관절은 살짝만 움직여도 삼두근 장두는 다 움직인다.

① 허리를 펴고 광배근에 힘을 준 상태에서 덤벨을 새끼손가락에 걸듯 가볍게 쥔다.

+ TIP

한 손으로 운동하기 힘든 경우

초보자들은 한 손으로 수행하는 것이 힘들 수 있다. 그런 경우에는 조금 더 무거운 덤벨을 선택하여 두 손으로 덤벨을 잡고 동작을 수행하면 좀 더 안정감 있게 할 수 있다.

①

②

팔을 편 채로 어깨를 뒤로 살짝 움직인다. 낚싯대를 던지듯이 팔을 뒤로 부드럽게 굽혔다가 천정을 향해 올려준다.

❶ CAUTION

절대로 어깨로 버티지 말아야 한다. 어깨로 버티면 부담이 많이 가서 어깨 통증이 생길 수 있다. 어깨는 항상 부드럽게 넘겨주어야 한다.

➕ TIP

팔꿈치와 어깨 부상을 방지하는 삼두박근 운동법

팔이 우람하게 보이려면 이두근보다 삼두근이 커야 한다. 실제로 이두근보다 삼두근이 더 큰데, 이두근은 근육 머리가 2개이고 삼두근은 근육 머리가 3개이다. 그런데 팔을 굵게 키우려다 삼두근 운동을 무리하게 잘못된 동작으로 하다 보면 어깨나 삼두박근에 부상이 생기기 쉽다. 한 번 더 강조하면 삼두근의 외측두와 내측두는 원 조인트 근육이고 장두는 투 조인트 근육이다. 하지만 운동은 모두 투 조인트로 한다고 했다. 투 조인트를 움직이면 원 조인트는 자동으로 되기 때문이다. 외측두와 내측두를 따로 나누어 운동하는 사람들도 있다. 하지만 해부학적으로 말이 안 된다. 편의를 위해 외측두, 내측두, 장두를 나누어 설명했지만 근육 자체는 같이 붙어 있다. 물론 특정 부위에 좀 더 또는 덜 자극이 가는 차이는 있겠지만, 한 부위를 집중적으로 목표로 한다는 말에 현혹되지 말기 바란다. 단언컨대 그런 운동은 없다. 원 조인트 운동이 틀린 건 아니지만 위험성이 존재한다. 즉, 팔꿈치 부상을 조심해야 한다. 삼두근 운동을 수행하는 데 팔꿈치가 아프다면 예외 없이 원 조인트 운동으로 수행했기 때문이다. 원 조인트 운동으로 하면 어깨에도 스트레스가 상당히 많이 간다. 중량을 버티기 위해 어깨에 힘을 주기 때문이다. 삼두근 운동을 할 때 어깨에 힘이 들어가면 안된다. 다시 강조하지만 어깨가 아닌 광배근으로 버텨야 한다. 삼두박근과 광배근의 상관관계를 잊지 말자.

CHAPTER

08

복근
운동

복근의 구조

복근이 중요한 이유

WORKOUT #01 크런치

WORKOUT #02 인클라인 벤치 싯업

WORKOUT #03 벤치 레그 레이즈

WORKOUT #04 행잉 니 레이즈

WORKOUT #05 행잉 레그 레이즈

복근의 구조

복근은 크게 복횡근, 내복사근, 외복사근, 복직근 등 4가지 근육으로 나뉜다. 가장 심부에 있는 근육이 복횡근이며 척추에서부터 옆구리 쪽으로 둘러싸여 있다. 그리고 내복사근은 장골능에서 시작해 위쪽 사선으로 뻗어나가 갈비뼈에 붙어 있고, 외복사근은 갈비뼈에서 시작해 골반뼈인 장골 쪽을 향해 있다. '배를 비껴있는 근육'이라고 해서 복사근이라 부르는데 이 근육은 복부 옆에 붙어 있는 것처럼 보이지만 실제로는 조금 다르다. 외복사근은 살짝 앞쪽으로 비껴 붙어 있고, 내복사근은 살짝 뒤쪽으로 비껴 붙어 있다. 그리고 이 두 근육은 서로 빗살 무늬 모양으로 겹쳐 있다.

　　마지막으로 우리가 흔히 복근 또는 식스팩이라 부르는 근육이 복직근이며 복부 전면에 위치하고 있다. 복직근은 치골결합과 치골능에서 올라가 5, 6, 7번 늑연골에 붙어 있다. 그리고 갈비뼈 위쪽 7번 늑골까지 붙어 있다. 쉽게 말해 갈비뼈 위에 있다고 생각하면 된다.

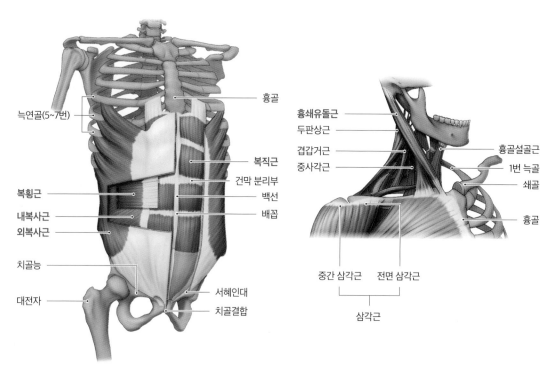

끝으로 복근은 아니지만 복근 운동의 전제가 되는 흉쇄유돌근이 있다. 흉쇄유돌근은 흉골, 쇄골, 유양돌기 이렇게 세 곳에 부착되어 있다고 하여 흉쇄유돌근이라고 부른다. 흉쇄유돌근은 턱을 당기는데 그 힘은 흉쇄유돌근이 부착된 흉골로 모인다. 이 동작은 곧 복근 운동의 전제가 되니 기억해두기 바란다. 복근은 배꼽을 기준으로 상복부 운동과 하복부 운동으로 나뉘며 복근을 5가지 운동으로 구성해서 단련해 보겠다.

복근이 중요한 이유

모든 근육이 다 중요하지만, 복근은 우리 몸의 상체와 하체를 연결하면서 내부 장기들을 보호하고 있는 근육이어서 특히 중요하다. 복부 위의 가슴 쪽을 만져 보면 갈비뼈들이 만져지는데, 그 갈비뼈들은 심장과 폐 같은 장기들을 보호한다. 하지만 복부에는 뼈가 없고 대신에 복근이 자리 잡아 여러 장기들을 보호하고, 몸통 중심부에서 코어 역할을 하면서 모든 움직임의 기초 역할을 한다. 그래서 복근이 수많은 근육 중에서도 특히 중요하다.

상부 복직근 통증은 소화불량, 배꼽 주위 통증은 복부 경련이나 복통(주로 어린아이), 하부 복직근 통증은 여성들의 월경 통증이나 천장관절 부위 및 허리 통증으로 나타난다. 이렇듯 복근은 복강 내에 있는 장기에 여러 가지 영향을 준다. 그래서 모든 근육이 그렇듯이 복근도 항상 말랑말랑하고 부드러워야 한다. 그리고 복직근이 약해지면 배가 불룩 나오고, 복사근이 약해지면 허리가 굵어진다. '복근 운동을 따로 해야 하나요?'라는 질문을 자주 받는데 다른 부위와 마찬가지로 많이 해야 한다. 웨이트 트레이닝의 3대 운동인 스쿼트, 벤치 프레스, 데드리프트만 잘해도 복근 힘은 자연스럽게 생기니까 복근 운동을 따로 할 필요가 있냐는 질문인데, 반드시 해야 한다.

우리가 하는 웨이트 트레이닝의 목적은 '근비대'이다. 그런데 3대 운동을 할 때 복근, 즉 코어에 힘이 들어가는 것은 '기능적인 면'이다. 위의 3대 운동을 할 때뿐만 아니라 우리가 일상생활에서 어떤 동작을 하려고 움직일 때 항상 코어 쪽에 먼저 힘이 들어가게 되어 있다. '기능'이 그렇다. 그런데 웨이트 트레이닝과 보디빌딩처럼 '몸을 만든다'고 할 때는 복근 운동을 통해 근육이 나오게 해야 한다. 코어가 기능적으로 작동하는 것과 근육이 나오는 것은 다른 개념이다. 상체의 대흉근과 삼각근, 하체의 대퇴사두근을 잘 발달시켜 놓고 상하체의 중심부인 복근이 약하면 균형이 맞지 않고 시각적으로도 좋지 않다. 보다 더 좋은 몸, 보다 더 균형 잡힌 몸을 원한다면 반드시 복근 운동을 열심히 할 것을 추천한다.

WORKOUT #01

크런치

크런치는 상복부를 단련하는 대표적인 운동이다. 복근은 대흉근 바로 아래 갈비뼈 위까지 올라가 있다고 설명했다. 이 운동을 할 때는 갈비뼈와 전상장 골극(골반뼈)이 서로 맞닿게끔 한다고 생각하면 쉽다. 즉, 상체를 말아 올린다는 느낌으로 하면 된다. 크런치를 할 때는 허리가 편해야 한다. 따라서 너무 끝까지 올라가지 않아도 된다. 자세만 완벽하면 상복부는 충분히 수축된다. 운동을 할 때 항상 근육을 최대한 단축수축시키고 그다음 최대한 이완시킨다는 걸 명심하자. 너무 올라가려고 욕심내면 자칫 허리에 힘이 많이 들어가 허리가 불편할 수 있고 심하면 허리 부상으로 이어질 수 있다. 항상 허리를 주의해야 한다.

1 편안하게 누워 뒤꿈치를 벤치에 걸친다. 종아리와 허벅지가 직각이 되게, 또 허벅지와 몸통이 직각이 되게 한다. 양손은 양쪽 귀를 잡고 팔꿈치는 자연스럽게 펴서 어깨가 바닥에 닿게 한다.

⚠ CAUTION

머리 뒤로 깍지를 끼고 동작하면 목이 아플 수 있다.

② 턱을 가슴 쪽으로 당긴다. 이때 흉쇄유돌근이 수축되면서
경추가 굴곡된다. 그다음 양팔꿈치를 안으로 모으면서
대흉근을 같이 모은다. 이때 흉추가 굴곡되기 시작한다.

③ 그 상태 그대로 척추 마디마디를 김밥 말듯이 쭉 말아준다.
내려갈 때는 말아준 몸을 그대로 펴면서 복근을 이완시킨다.

❗ **CAUTION**

복근 운동을 한 후 허리 통증을 느끼는 사람이 많다. 그 이유는 복근 힘이 아니라 허리
힘으로 일어나기 때문이다. 허리 힘으로 하면 복근 수축이 강하게 안 되고 허리(척추)
가 굴곡되는 힘으로 올라가기 때문에 허리에 부담이 가면서 불편해진다. 자신의 복근
이 수축되는지, 허리 힘을 써서 허리에 부담이 가는지, 운동을 하면서 스스로 느껴야
허리 부상을 방지할 수 있다. 아무리 횟수를 많이 하고 열심히 해도 동작을 제대로 하
지 못하면 훌륭한 식스팩 대신 자칫 심각한 허리 부상을 당할 수도 있다.

인클라인 벤치 싯업

인클라인 벤치 싯업(윗몸 일으키기)도 상복부를 단련하는 대표적인 운동이다. 복근 운동의 원리는 모두 동일하다. '김밥 말듯이 만다'는 것이다. 목(경추), 가슴(흉추), 허리(요추)까지 척추 마디마디를 둥글게 말아 올린다고 생각하면 된다. 호흡은 올라갈 때(수축) 내뱉고 내려갈 때(이완) 들이마신다.

① 머신에 앉아 발을 발걸이에 걸고 누운 다음 양손으로 귀를 잡고 발끝을 당겨서 힘을 단전에 모은다. 그래야 아랫배에도 함께 자극이 잘 온다.

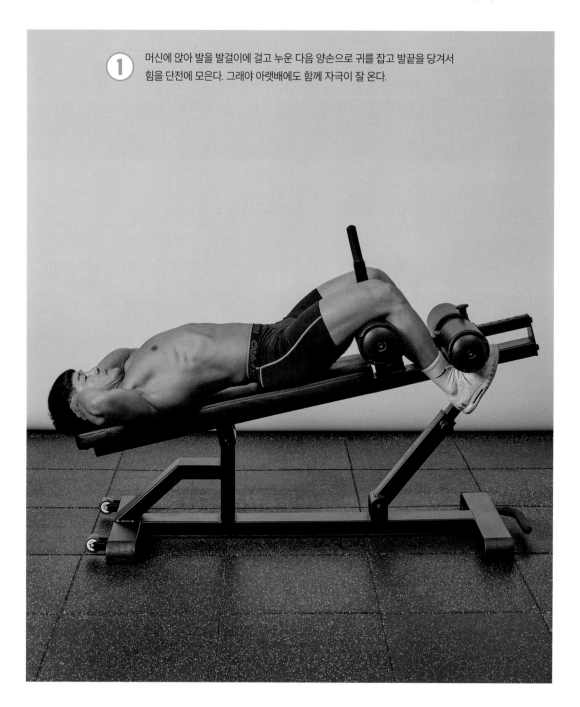

② 팔꿈치를 모으면서 턱을 가슴 쪽으로 당겨준다. 그러면 흉쇄유돌근과 대흉근에 힘이 들어가면서 이 두 근육의 모이는 힘이 그대로 복근으로 전달된다. 턱을 당긴 후엔 경추, 흉추 마디마디를 김밥 말듯이 말아주면서 끝까지 올라가며 계속 수축시킨다. 등을 펴면서 내려갈 때는 어깨가 벤치에 닿아 잠자리에 눕듯이 최대한 복근을 이완시킨다.

⚠ CAUTION

동작을 부분 반복하면 복근뿐만 아니라 허리에도 계속 부하가 걸려 허리 통증이 심해질 수 있다. 왜냐하면 부분 반복을 하면서 버티다 보면 복근 힘이 아닌 허리 힘으로 버티면서 해버릴 수 있기 때문이다. 항상 근육을 최대한 이완시키고 최대한 수축시켜야한다. 따라서 완전한 동작을 하는 것이 무엇보다 중요하다. 무슨 운동이든 부분 반복보다는 완전한 동작으로 하기를 권한다.

벤치 레그 레이즈

레그 레이즈는 운동하기 전 주의사항이 있다. 이 운동을 할 때 단순히 다리를 내렸다 올렸다 하면서 상체를 말아주는데, 다리를 들어 올릴 때 자칫 다리에 힘이 많이 들어가거나 허리가 아플 수 있다. 따라서 골반이나 허리가 안 좋은 사람은 레그 레이즈를 하지 않는 게 좋다. 오히려 허리 통증이 더 심해질 수 있다. 그런 사람에게는 크런치나 싯업을 추천한다.

필자는 레그 레이즈를 2가지 방법으로 가르치고 있다. 복근을 신장성 수축 위주로 할 때와 단축성 수축 위주로 할 때 각각 다르다. 첫 번째 방법은 복근을 '이완시킬 때 운동을 한다'고 이해하면 된다. 싯업 같은 경우는 복근을 단축시켜서 수축력을 극대화하는 운동이다. 레그 레이즈는 반대라고 생각하면 된다. 레그 레이즈를 할 때 '복직근을 늘려주는 운동'이라고 생각하고 하는 것이나. 물론 말아서 하는 방법도 좋지만 벤치에 누워서 다리를 아래로 내릴 때 뒤꿈치로 땅을 찍듯이 빠르게 내리찍고 올리면서 복근을 이완시키면 또 다른 자극을 느낄 수 있다. 두 번째 방법은 일반적으로 다리를 들어 올리면서 골반을 말아주는 느낌으로 복근의 '단축성 수축감'을 느끼면서 하는 것이다.

≫ 복근의 신장성 수축 운동

①
벤치에 누운 뒤 다리를 들어 올린다.
올릴 때 다리에 힘을 주지 않는다.

❗ CAUTION

복근의 단축성 수축보다 신장성 수축에
중점을 둔다. 내릴 때가 운동!

②

엄지발가락을 몸쪽으로 당기고 무릎을
편 채로 뒤꿈치를 마치 땅바닥에 공이
바운드 되어 튕기듯이 내리찍었다 올린다.

175

≫ 복근의 단축성 수축 운동

①

바닥에 누워 다리를 펴고 들어 올린다. 여기까지는
신장성 수축 때와 동일하다. 이때 허리 부분에 손을 넣어보면
공간이 있어 손이 들어가는데 이 부분이 키포인트다.
절대 허리 부분에 공간이 생기지 않게 한다.

2

허리 부분에 얇은 수건을 넣고 수건이
빠지지 않게 허리로 바닥을 누르면서 다리를 내린다.
다리를 내렸다가 올릴 때에도 허리 부분에
공간이 생기지 않게 하고 골반뼈가 갈비뼈에
맞닿는 느낌으로 허리를 둥글게 말아 올린다.

❶ CAUTION

동작할 때 절대 허리 부분의 공간이 뜨지 않게 해야 한다. 이렇게 하면 허리에 부담도
가지 않고 아주 강한 자극을 느낄 수 있다. 특히 허리가 안 좋아 복근 운동이 부담스러
운 사람도 이 방법으로 하면 안전하다.

행잉 니 레이즈

행잉 니 레이즈는 비록 다리를 들어 올리면서 하는 운동이지만 어디까지나 복근 운동이기 때문에 다리에 힘을 주지 말고 다리를 들어 올릴 때 골반뼈를 갈비뼈에 붙이는 느낌으로 해야 한다. 다리 힘으로 들어 올린다는 것은 대퇴직근과 장요근의 힘으로 올린다는 뜻이다. 즉, 다리에 자극이 많이 가게 된다. 행잉 니 레이즈를 한 후에 다리 앞쪽이 아픈 이유도 이 때문이다. 무릎을 들어 올리는 느낌이 아니라 골반뼈와 갈비뼈를 맞닿게 하는 느낌으로 말아 올리자.

①

바를 잡고 매달린 다음 무릎을 살짝 구부린다. 몸에 힘을 빼고 코어를 잡아주면 흔들림을 방지할 수 있다.

⚠ CAUTION

복근 전체에 힘이 들어가지만 하복
부가 주 타깃이라 생각하자. 그다음
에 외복사근과 내복사근이 같이 운
동된다고 보면 된다. 이렇게 어느 부
위 운동인지 확실히 인지하면 최대
의 효과를 얻을 수 있다.

②

무릎을 들어 올릴 때 아랫배
힘으로 골반뼈와 갈비뼈를
서로 맞닿게 하는 느낌으로
지그시 당겨준다. 무릎을 내릴
때에는 복근 힘으로 버티면서
내리다가 다 내려올 때쯤
허리에 힘을 빼고 요추에
만곡을 만들면서 코어를 잡아
몸을 고정시킨다.

➕ TIP

동작 중에 몸이 흔들린다면

동작 중에 몸이 흔들리는 경우가 많은데 그 이유는 간단하다. 코어를 잡지 않고 모든
동작을 연결 동작으로 하기 때문이다. 복근 힘으로 무릎을 당긴다고 해도 당기자마자
곧바로 무릎을 내리면 몸은 당연히 흔들린다. 따라서 무릎을 올렸다 내릴 때 허리를
바르게 펴면서 아나토미 자세로 다시 돌아가면서 코어를 잡아줘야 한다. 모든 동작을
연결 동작으로 하지 말고 구분 동작으로 정확한 자세로 하기 바란다.

그래도 몸이 흔들린다면

몸이 앞뒤로 흔들릴 땐 무리하게 행잉 레그 레이즈를 하지 말자. 굳이 어려운 운동을 하는 것보다 자신이 수행하기 쉽고 잘되는 운동을 하는 것이 중요하다. 그렇게 해도 충분히 몸을 만들 수 있다. 친업바 대신 머신을 이용해보자. 머신에서는 팔꿈치로 몸통을 고정할 수 있어 몸의 흔들림을 방지할 수 있다. 만약 복근에 힘이 잘 안 들어가면 어깨를 위로 내밀고 있지는 않은지 자세를 살펴보자. 오히려 어깨와 허리를 패드 뒤에 딱 붙이는 것이 좋다. 몸통 자체를 뒤에 붙이고 편하게 하면 팔이나 손에 힘을 많이 안 줘도 된다. 어깨를 내민 자세에서 하면 팔에 힘이 많이 들어가 어깨가 아플 수도 있으니 기대고 동작을 수행하자.

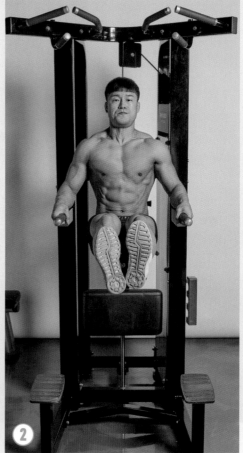

운동 강도를 높이는 방법

덤벨을 이용한다. 2~4kg 정도의 덤벨을 양발 사이에 끼우고 동작을 수행하면 좋다.
부하가 굉장히 잘 걸린다.

CHAPTER

09

하체
운동

하체 근육의 구조

저항과 부상

WORKOUT #01 바벨 스쿼트

WORKOUT #02 레그 프레스

WORKOUT #03 핵 스쿼트

WORKOUT #04 레그 익스텐션

WORKOUT #05 레그 컬

WORKOUT #06 바벨 런지

WORKOUT #07 카프 레이즈

하체 근육의 구조

하체 근육은 앞쪽의 대퇴사두근과 뒤쪽의 햄스트링(슬와부 근육군)으로 나뉜다. 먼저 대퇴사두근에는 총 4개의 근육이 붙어 있는데, 허벅지 안쪽부터 차례대로 내측광근, 중간광근, 외측광근이라 한다. 이 3가지 근육의 부착 부위를 보면 위쪽으로는 모두 대퇴골에 붙어 있다. 즉, 위쪽으로는 관절을 지나지 않는다. 아래쪽으로는 무릎의 슬개골을 힘줄로 감싸고 있으며 경골(종아리)에 붙어 있다. 이처럼 위로는 관절을 지나지 않고 아래로는 무릎관절을 지나는 원 조인트 근육이다. 이 근육들은 수축하면서 슬개골을 잡아당겨 무릎을 펴주는데 이것을 무릎 신전 기능이라 한다. 무릎을 펴고 서 있을 때 슬개골은 대퇴골과 경골 사이에서 무릎이 잘 펴져 관절이 잘 고정되도록 잠금장치 역할을 하면서 사람이 안전하게 서 있을 수 있도록 한다.

그리고 남은 근육 하나가 대퇴직근인데, 마찬가지로 아래쪽으로는 힘줄이 슬개골을 감싸고 있으며 경골에 붙어 있고, 위쪽으로는 중간광근 위쪽을 지나면서 대퇴골을 지나 골반의 전하장 골극에 붙어 있다. 즉, 대퇴직근은 아래쪽으로는 무릎관절을 지나고 위쪽으로는 고관절도 지나면서 무릎 신전(무릎 펴기)과 고관절 굴곡(고관절 굽히기) 기능을 하는 투 조인트 근육이다. 즉, 2개의 관절을 움직인다. 걸음걸이를 상상해 보면 쉽게 알 수 있다. 걸음을 걸을 때 다리를 먼저 들고(고관절 굴곡) 그다음 무릎을 펴면서(무릎 신전) 발을 땅에 딛게 된다. 이때 대퇴직근은 고관절 굴곡과 무릎 신전에 모두 관여하고 광근(내측, 중간, 외측)은 무릎 신전에만 관여한다. 이처럼 운동을 할 때도 투 조인트 근육과 원 조인트 근육이 함께 붙어 있을 땐 항상 투 조인트로 움직여 줘야 모든 근육이 다 움직여 완전한 수축이 일어난다.

대퇴사두근은 우리 몸에서 가장 큰 근육이다. 따라서 몸을 키우거나 체중을 늘리고자 할 때는 하체 운동을 많이 해야 효과가 크다. 그리고 하체 운동을 많이 해야 상체도 더욱 발달하게 된다. 하체 운동이 상체 운동보다 힘든 이유도 근육이 큰 만큼 큰 힘을 쓰고 에너지 소모도 많아지기 때문이다. 또한 근육의 회복 시간도 오래 걸린다.

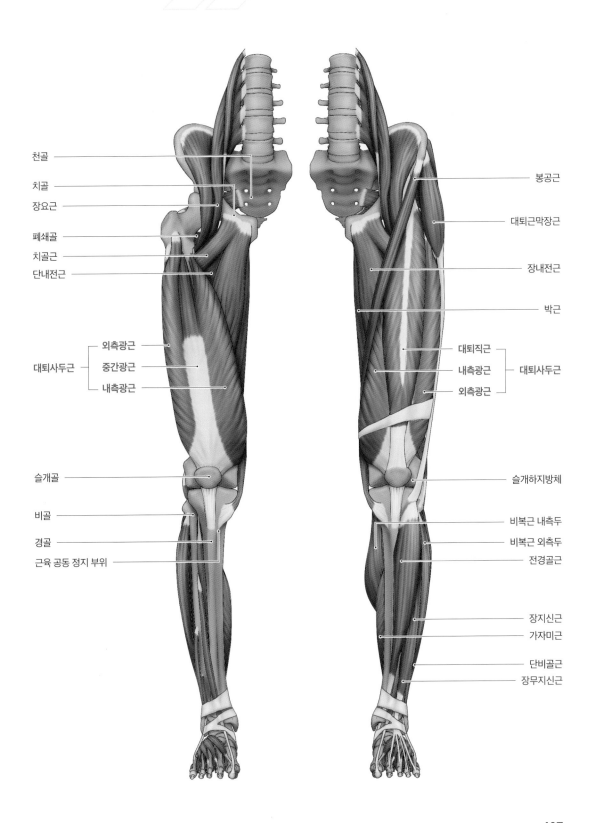

천골

치골

장요근

폐쇄골

치골근

단내전근

대퇴사두근

외측광근

중간광근

내측광근

슬개골

비골

경골

근육 공동 정지 부위

봉공근

대퇴근막장근

장내전근

박근

대퇴직근

내측광근

외측광근

대퇴사두근

슬개하지방체

비복근 내측두

비복근 외측두

전경골근

장지신근

가자미근

단비골근

장무지신근

하체 뒤쪽의 햄스트링은 대퇴이두근 장두, 대퇴이두근 단두, 반건양근, 반막양근 등 총 네 갈래로 붙어 있다. 엎드렸을 때 허벅지 바깥쪽에 붙어 있는 근육이 대퇴이두근 장두와 단두이고, 허벅지 안쪽에 붙어 있는 근육이 반건양근과 반막양근이다. 부착 지점을 살펴보면 대퇴이두근 장두는 위쪽으로는 좌골, 아래쪽으로는 비골두에 붙어 있고(투 조인트 근육), 대퇴이두근 단두는 위쪽으로는 대퇴골, 아래쪽으로는 비골두에 붙어 있다(원 조인트 근육). 그리고 반건양근과 반막양근은 위쪽으로는 좌골에, 아래쪽으로는 경골 내측에 붙어 있다(투 조인트 근육).

햄스트링에는 고관절 신전과 무릎 굴곡(무릎 굽히기) 기능이 있다. 단, 원 조인트 근육인 대퇴이두근 단두는 고관절 신전에는 관여하지 않고 무릎 굴곡에만 관여한다. 그리고 무릎 굴곡 때 대퇴이두근(장두, 단두)은 아랫다리(종아리 부분)를 외회전시키는 기능이 있고, 반건양근과 반막양근은 아랫다리를 내회전시키는 기능이 있다. 이처럼 햄스트링은 운동을 할 때 주로 빠르게 움직이다가 속도를 늦추거나 동작을 멈추기도 하고 방향을 전환하는 역할도 한다. 이는 어떤 운동 동작에서든 햄스트링은 큰 힘을 쓰기보다는 움직임을 조절하는 역할을 한다는 것이다. 즉, 대퇴사두근은 큰 힘을 쓰는 근육이고 햄스트링은 다리 움직임을 조절해주는 근육이라 생각하면 된다.

마지막으로 종아리 근육은 비복근과 가자미근으로 나뉜다. 비복근은 위쪽으로는 대퇴골 안쪽과 바깥쪽 두 갈래로 붙어 있고, 아래쪽으로는 종골에 붙어 있다(투 조인트 근육). 그리고 가자미근은 비복근 아래에 위치하며 무릎 바로 아래에서 시작해 종골에 붙어 있다(원 조인트 근육).

비복근은 종아리 뒤쪽에 있는데 무릎을 당기고 펴는 기능을 한다. 경골과 비골 쪽에 붙어 있는 햄스트링과 대퇴이두근 힘줄 및 대퇴골 쪽에 붙어 있는 비복근 힘줄은 서로 고리처럼 지나고 있어 햄스트링과 함께 무릎 굴곡 시 보조 역할을 한다.

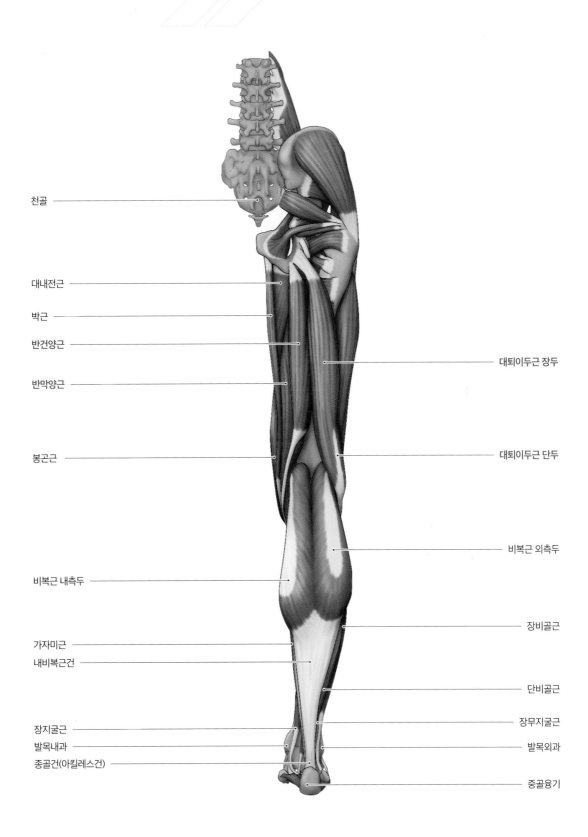

천골

대내전근

박근

반건양근

반막양근

봉곤근

비복근 내측두

가자미근
내비복근건

장지굴근
발목내과
종골건(아킬레스건)

대퇴이두근 장두

대퇴이두근 단두

비복근 외측두

장비골근

단비골근

장무지굴근

발목외과

중골융기

저항과 부상

웨이트 트레이닝은 저항의 개념을 잘 이해해야 한다. 저항을 한다는 것은 운동 부위의 주동근에 힘 전달(자극)이 잘 된다는 것을 의미한다. 우리 몸의 근육은 근섬유로 구성되어 있는데, 중량을 이용하여 이 근섬유를 최대한 이완시켰다가 최대한 단축시키면서 저항하는 운동이 웨이트 트레이닝이다.

근육을 단축시키려면 반드시 힘을 써야 하지만, 근육을 이완시키려면 힘을 써도 되고 빼도 된다. 예를 들어, 덤벨을 잡고 이두근 운동을 할 때 시작 자세에서는 이두근이 늘어나 있지만 힘을 써서 덤벨을 당기면 단축되면서 수축된다. 반대로 덤벨을 내리면서 팔을 펼 때는 힘을 쓰면서 내려도 이두근이 늘어나고 힘을 빼고 그냥 내려도 늘어난다. 바로 여기서 저항의 개념을 잘 이해해야 한다. 힘을 쓰면 근육이 짧아질 때나 늘어날 때나 항상 근육에 긴장 상태가 유지되는데 이게 바로 수축이다. 근육이 짧아질 때 긴장되는 것을 단축성 수축, 늘어날 때 긴장되는 것을 신장성 수축이라 한다. 반면에 힘을 빼고 근육이 긴장감 없이 늘어나는 것을 이완이라고 한다. 그러면 웨이트 트레이닝에서 저항을 한다는 건 근육이 짧아져 있든 늘어나 있든 항상 긴장돼야 한다는 것이다. 특히 근육이 늘어날 때 신장성 수축이 잘 돼야 근성장이 잘 된다. 단축성 수축도 중요하지만 신장성 수축이 더 중요하다는 말이다.

또 한 가지 예를 들어, 의자에 앉았다가 일어나는 동작과 스쿼트를 비교해 보자. 일상생활에서 그냥 의자에 앉았다가 일어나는 동작은 웨이트 트레이닝 관점에서는 운동이 아니다. 동작 중에 저항이 발생하지 않기 때문이다. 물론 일어날 때(단축) 약간의 힘이 들어가겠지만 앉을 때는 근육에 힘(긴장)을 빼고 앉기 때문에 신장성 수축이 일어나지 않고 이완만 된다. 반면에 스쿼트는 앉을 때나 일어설 때나 일정하게 근육에 힘이 들어가면서 자극을 느낄 수 있다. 동작 중에 항상 저항이 발생하기 때문이다.

그러면 스쿼트에서 저항은 어떻게 하는 것일까? 우리 몸의 체중은 중력 방향인 아래쪽(수직)으로 향하기 때문에 발바닥에서 하중을 모두 받치고 있다. 따라서 앉았다가 일어나는 동작을 할 때 저항은 발바닥으로 하면 된다. 즉, 스쿼트나 레그 프레스 같은 하체 운동을 할 때 일부러 허벅지에 힘을 줄 게 아니라, 발바닥에 힘을 주면 저항이 잘 일어난다. 앉는 동작에서 발바닥에 힘을 주면 바닥과 맞닿아 있는 발바닥에 저항이 발생하고, 일어서는 동작에서 발바닥으로 바닥을 밀어내듯이 힘을 주면 발바닥에서 발생한 저항이 그대로 경골을 통해 주동근인 대퇴사두근 쪽으로 전달된다. 발바닥이 곧 대퇴사두근(허벅지)이라 생각하면 된다. 따라서 발바닥 바깥쪽에 힘을 주면 외측광근, 발바닥 안쪽에 힘을 주면 내측광근 쪽으로 힘이 전달된다. 그리고 발가락 부분이 무릎, 엉덩이가 뒤꿈치라 생각하면 된다. 단, 스쿼트나 레그 프레스를 할 때 앞꿈치에 힘을 주면 무릎에 부하가 많이 걸려 부상 위험이 커지므로 유의한다.

발바닥
모두 밀착

발바닥
바깥쪽

발바닥 안쪽

앞꿈치

바벨 스쿼트

스쿼트는 하체 운동 중에 가장 좋은 운동으로 대퇴사두근은 물론이고 대둔근, 햄스트링 등 하체 근육을 골고루 발달시킬 수 있다. 그러나 그만큼 어려운 운동이기도 하다. 그래서 스쿼트를 하다가 무릎이나 허리에 부상도 많이 생긴다. 먼저 스쿼트를 할 때는 허벅지에 자극이 잘 가도록 아나토미 자세에서 상체 힘을 부드럽게 빼고 발바닥에 힘을 주면서 앉았다 일어났다를 하는데, 상체는 바벨을 지고 허리가 굽혀지지 않고 아나토미 자세를 유지할 만큼만 긴장을 유지한다. 상체 힘, 특히 목과 척추기립근에 너무 힘을 주면 앉았다 일어날 때 브레이크가 걸리듯이 뻑뻑한 느낌이 든다. 어떤 운동을 하든 중량이 아무리 가볍거나 무거워도 움직임은 부드러워야 한다. 복압도 일부러 주는 게 아니라 앉으면서 호흡을 들이마시면 복압이 저절로 늘어가 코어가 잡혀 허리가 안정되고 일어나면서 내뱉는다. 그리고 양발 간격이나 발 모양도 본인이 편한 대로 하면 된다. 양발 간격을 어깨너비로 하거나 발 모양을 11자나 팔자로 할 필요는 없다.

앞서 발바닥이 곧 대퇴사두근이라 생각하고 내측광근이 엄지발가락, 외측광근이 새끼발가락, 엉덩이 쪽이 뒤꿈치라 설명했다. 스쿼트를 할 때 발바닥에서 저항하는 힘이 경골을 통해 대퇴사두근으로 그대로 전달되는데, 이때 무릎과 허벅지는 항상 발이 벌어진 모양대로 앉았다 일어섰다 해야 한다. 왜냐하면 발바닥에서 허벅지로 힘이 전달될 때 경골이 항상 수직이 되어야 무릎관절에 무리가 가지 않기 때문이다. 그러므로 양발 간격이 넓으면 무릎과 허벅지도 넓게, 양발 간격이 좁으면 똑같이 좁게, 발 모양이 팔자면 똑같이 팔자로 해주면 대퇴사두근에 자극이 정확히 전달된다. 그러므로 양발 간격이나 모양은 본인에게 가장 편한 자세로 하면 된다. 그리고 스쿼트 동작에서 무게중심은 항상 뒤꿈치 쪽에 있어야 한다. 허리 또한 최대한 세워야 하며 허리가 앞으로 숙여지거나 무게중심이 앞꿈치에 쏠리면 무릎이나 허리에 부하가 많이 걸려 스쿼트를 하고 나면 무릎이나 허리가 아플 수 있다. 스쿼트와 데드리프트의 차이점이 바로 무게중심에 있다. 무게중심이 앞꿈치에 있으면 허리에, 뒤꿈치에 있으면 다리에 부하가 걸린다.

① 바벨을 승모근에 얹고 바벨을 잡는다. 양발은 편한 만큼 벌린다. 명치를 살짝 들고 엉덩이는 뒤로 빼서 허리를 펴준다.

②

발바닥에 힘을 주고 저항하면서 그대로 무릎을
굽힌다. 이때 대퇴사두근과 대둔근은 이완된다.
그다음 발바닥으로 바닥을 밀어내면서 일어나고
마지막에 대둔근을 수축시킨다.

NG

상체가
숙여진 상태

⊘ CAUTION

일어나는 동작에서 과하게 반동을 이용
하지 않도록 한다. 근육은 이완과 수축을
하는 과정에서 지그시 자연스럽게 해줘
야 자극이 잘 전달된다. 그리고 발바닥에
힘만 정확히 잘 준다면 운동 동작 속도는
약간 빨라도 상관없다. 하지만 항상 일정
한 속도로 하는 것이 중요하다.

⊕ TIP

역도화를 신으면 좋은 이유
요즘에는 스쿼트를 할 때 역도화를 신는
경우가 많다. 역도화의 장점은 발바닥이
지면에 잘 밀착되어 발바닥이 안정되고
힘을 골고루 잘 쓸 수 있어서 주동근(대
퇴사두근)에 힘 전달력이 매우 좋아진다
는 점이다.

⊕ TIP

벗 윙크에 대한 논란

결론부터 말하자면, 벗 윙크가 일어나지 않는 지점까지만 앉았다가 일어서도록
한다. 아나토미 자세에서 허리는 항상 전만 자세여야 하고 천골의 각도는 살짝
위쪽으로 유지해야 한다. 그런데 중량을 다루는 스쿼트 동작에서 벗 윙크를 하
면 이완되어 있던 척추 근육과 인대에 무리가 가해지면서 허리 부상 위험이 높
아진다. 다만 중량을 다루는 기술이 좋은 선수들은 벗 윙크를 하나의 테크닉으
로 활용하기도 한다.

벗 윙크. 엉덩이가 말린 상태

레그 프레스

레그 프레스는 스쿼트보다 더 안정된 자세로 무거운 중량을 다룰 수 있다는 장점이 있다. 이 운동도 마찬 가지로 상체 힘을 부드럽게 빼고 자연스럽게 움직여야 한다. 벤치 프레스에서 바벨을 몸쪽으로 부드럽 게 받아주듯이, 레그 프레스도 발바닥으로 위에서 내려오는 중량을 부드럽게 받았다가 밀어 올리면 된 다. 먼저 머신 등받이에 등을 기대고 앉아 양발을 발판에 대고 명치를 들어 허리를 등받이에서 살짝 띄운 다음 엉덩이를 패드에 꽉 끼우고 잘 고정되도록 자세를 잡는다. 무릎을 굽혔다 펴면서 동작을 할 때 엉덩 이의 좌골 부분이 절대 패드에서 움직이면 안 된다. 좌골이 고정점인 것이다. 동작 중에 좌골이 자꾸 움 직이면 허리가 말려 벗 윙크가 일어나 허리 부상을 당할 수 있다.

이 동작도 목과 상체에 힘을 잔뜩 주고 하면 질대 부드럽게 밀어 올릴 수 없고, 중간에 브레이크가 길 리듯이 뻑뻑하게 잘 올라가지 않는다. 늘 강조하지만 상체 힘을 잘 빼줘야 한다. 처음 자세를 잡고 상체 힘을 부드럽게 빼주면서 내릴 때 호흡을 자연스럽게 들이마시고, 밀어 올릴 때 내뱉는다. 내릴 때 절대 온몸에 힘을 주면서 중량을 버티지 말고 부드럽게 몸쪽으로 받아줘야 한다. 엄청나게 무거운 중량을 다 루는 프로 보디빌더들의 동작을 잘 관찰해 보라. 절대 버티면서 하지 않고 부드럽게 받아주듯이 한다는 걸 알 수 있다. 그렇게 해야 모든 관절이 편해진다. 버티면서 하면 근육보다 관절 힘을 많이 쓰게 돼 관절 에 부담이 많이 간다. 상체 힘을 빼고 몸쪽으로 부드럽게 받으면 몸이 굉장히 편해지는 걸 바로 느낄 수 있고 자극 또한 굉장히 잘 느껴질 것이다. 하체 운동을 할 때에는 항상 상체에 힘을 빼고 자연스러운 자 세로 해야 한다. 그리고 발바닥에 힘을 주는 것이 가장 중요하다.

① 머신에 앉아 양발을 발판에 대고 편한 너비로 벌린다. 명치를 들고 엉덩이는 뒤쪽으로 빼서 허리 뒤쪽에 공간이 생기는 느낌으로 편하게 앉는다. 발 모양은 11자든 팔자든 편한 대로 한다. 양발로 발판을 밀면서 엉덩이가 자리에 꽉 끼워지는 느낌이 들도록 자세를 한 번 더 잡아준다.

② 뒤꿈치에 힘을 준 상태에서 마치 배구공을 토스하듯이 중량을 부드럽게 받고 미는 동작을 반복한다. 무릎을 굽혀 내릴 때는 좌골이 움직이지 않을 정도로 내리고, 일부러 복압을 줘서 배에 힘을 주면 대퇴사두근보다 상체에 힘이 더 들어가므로 주의한다.

⊕ TIP

뒤꿈치에 힘이 잘 안 들어가는 경우
뒤꿈치에 자유자재로 힘을 줄 수 없으면 발판을 밀어 올릴 때 앞꿈치를 살짝살짝 들어주면서 하면 된다. 그러면 대퇴사두근에 자극이 잘 전달된다.

⊕ TIP

무릎을 깊게 굽히면서 운동하고 싶다면
양발 간격을 넓게 벌리고 양무릎 간격도 동일하게 유지한 상태에서 상체를 다리 사이에 끼워 넣는 느낌으로 발판을 깊숙이 내려준다. 그러면 허리 부상을 피할 수 있다.

❗ CAUTION

발판을 내릴 때 너무 몸쪽으로 내리면 좌골이 뜨고 요추가 말리면서 벗 윙크 가 일어난다.

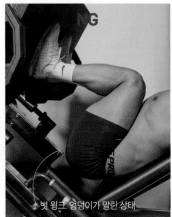

벗 윙크. 엉덩이가 말린 상태

WORKOUT #03
핵 스쿼트

핵 스쿼트는 바벨 스쿼트와 레그 프레스의 단점들을 보완한 하체를 키우는 데 아주 좋은 운동이다. 또한 스쿼트 자세가 어려운 초보자들도 좀 더 쉽고 안정된 자세로 할 수 있다. 사실 스쿼트는 동작을 하면서 수직으로 중심을 잡는 하체뿐만 아니라 척추기립근, 코어 근육, 그리고 좌우 중심을 잡는 내복사근과 외복사근 등 여러 근육이 쓰이는데, 자세가 흐트러져서 대퇴사두근에 제대로 자극을 못 느끼거나 허리나 무릎에 부하가 걸려 부상을 당할 수 있다. 그러나 핵 스쿼트 머신은 상체를 뒤로 기댈 수 있는 등받이 패드가 있어 엉덩이와 등이 더 안정된 자세로 운동할 수 있다. 물론 레그 프레스 머신도 등받이가 있지만 둔근과 햄스트링 자극에는 조금 아쉬운 점이 있다. 반면에 핵 스쿼트는 대퇴사두근은 물론 둔근과 햄스트링에도 강한 자극을 줄 수 있다.

핵 스쿼트는 발판에 발바닥을 고정시키고 누워서 견갑골과 엉덩이를 패드에 대고 명치를 들고 허리는 패드에서 살짝 띄워 아나토미 자세를 잡은 다음 무릎을 굽혔다 펴면서 동작한다. 내려갈 때는 무릎을 직각까지만 굽히지 말고 엉덩이가 뒤꿈치에 닿을 만큼 깊숙이 앉았다가 일어난다. 그래야 대퇴사두근뿐만 아니라 둔근과 햄스트링에도 강한 자극을 줄 수 있다. 이때 온몸에 힘을 준 상태로 버티면서 내려가지 말고 목을 비롯해 상체 힘은 부드럽게 빼주면서 한다. 동작 중에 온몸에 힘을 주면 힘만 들뿐 주동근에 자극이 제대로 가지 않는다. 그리고 호흡도 자연스럽게 해야 한다. 허리 부상을 방지하기 위해 복압을 잡으면 동작이 부자연스럽고 힘이 분산된다. 앞서 가슴 운동에서 설명했듯이 벤치 프레스를 할 때 등(승모근), 어깨, 팔에 힘을 빼주면서 위에서 내려오는 바벨을 몸쪽으로 부드럽게 받아주는 것과 똑같다.

① 머신에 누워 손잡이를 잡고 양발은 발판을 밟는다.
양발의 간격은 골반 너비 정도가 적당하고
그 너비만큼 양 무릎 간격도 유지한다. 허리 뒤쪽과
명치는 살짝 들어 아나토미 자세를 취한다.

➕ TIP

발바닥이 대퇴사두근이라 상상하자!

양발의 방향을 무조건 11자로 할 필요는 없다. 발의 방향은 편한 대로 하되 중요한 점은 발바닥의 저항력이 경골을 통해 대퇴사두근으로 그대로 전달된다는 점이다. 대퇴사두근 안쪽(내측광근)이 엄지발가락, 바깥쪽(외측광근)이 새끼발가락, 엉덩이 쪽이 뒤꿈치라고 상상하고 운동한다.

②

발바닥에 힘을 주고 버티면서 몸을 내려준다.
그다음 발바닥으로 발판을 밀어내면서 올라간다.
동작 중에 발바닥에 계속 힘을 주면
대퇴사두근에 힘이 저절로 들어간다.

❗ CAUTION

스쿼트를 할 때는 뒤꿈치로 힘을 써야 한다. 앞꿈치에 힘이 실리면 무릎에 부하가 많이 걸려 무릎 부상 위험이 높아진다. 반대로 앞꿈치를 살짝 들고 뒤꿈치로 밀면 엉덩이를 비롯한 대퇴사두근에 자극이 잘 전달된다. 따라서 스쿼트를 할 때 발바닥 중심에서 약간 뒤쪽에 힘을 주는 것이 가장 좋다. 앞꿈치가 살짝 들리는 것은 괜찮지만 뒤꿈치가 들리면 절대 안 된다.

뒤꿈치가 뜬 상태

레그 익스텐션

레그 익스텐션을 하기 전에 먼저 대퇴사두근의 해부학적 구조를 이해하면 정확한 움직임을 수행할 수 있다. 내측광근, 중간광근, 외측광근은 위쪽으로는 대퇴골에 붙어 있는데 관절을 지나지 않고, 아래쪽으로는 무릎을 지나 경골에 붙어있는 원 조인트 근육이다. 그래서 보통 레그 익스텐션을 무릎만 움직이는 원 조인트 운동으로 알고 있다. 그런데 대퇴사두근 중에서 대퇴직근은 아래쪽으로는 경골에, 위쪽으로는 대퇴골을 지나 골반의 전하장 골극에 붙어있는 투 조인트 근육이다. 즉, 무릎 신전과 고관절 굴곡 모두 하는 근육이다. 그러므로 레그 익스텐션을 할 때는 대퇴직근의 완전한 수축을 위해 투 조인트 운동으로 해야 한다. 물론 무릎만 펴주는 원 조인트 운동으로 해도 되지만 대퇴직근의 완전한 수축을 위해 투 조인트 운동으로 하면 훨씬 강한 자극을 느낄 수 있다.

레그 익스텐션에서 앉았을 때 고관절은 굴곡되어 있지만 대퇴직근이 힘을 쓰고 있지는 않다. 동작을 할 때 무릎만 펴면 3개의 광근(내측, 중간, 외측)들은 완전히 수축되지만 대퇴직근은 부분적(고관절 쪽)으로 수축된다. 대퇴직근을 완전수축시키려면 무릎을 폄과 동시에 허벅지를 패드에서 살짝 들어줘야 강한 자극을 느낄 수 있다. 이때 몸에 힘을 주어 강제로 들지 말고 무릎을 폄과 동시에 발끝을 가슴 높이까지 들어주면 된다. 근육은 근육이 지나가는 모든 관절을 움직여 줘야 완전한 수축이 일어난다.

그런데 투 조인트로 움직이기 위해 허벅지를 들 때 햄스트링이 긴장되면 무릎이 굽혀진 채 허벅지가 들린다. 이 경우에는 광근들의 수축력이 떨어지기 때문에 억지로 투 조인트로 하지 말고 무릎을 완전히 펴는 원 조인트로 해야 한다. 고관절 굴곡보다는 무릎을 완전히 펴는 동작이 우선이다.

① 머신에 앉아 상체를 곧게 세우고 양발은 발걸이에 건다. 허리는 전만 상태를 만들고 명치는 살짝 들어준다. 양손으로 손잡이를 잡는다.

2 양발을 들어 올리면서 무릎을 펴준다. 무릎이 펴짐과 동시에 발끝이 가슴 높이까지 오게 허벅지를 패드에서 살짝 들어준다.

NG
다리를 덜 올린 상태

NG
무릎을 굽혀 올린 상태

➕ TIP

투 조인트 운동의 엄청난 부가 효과

원 조인트로 운동할 경우에는 무릎 부근에만 힘이 들어가고 고관절은 굴곡만 될 뿐 힘이 들어가지 않는다. 반면에 투 조인트로 운동할 때에는 대퇴직근이 완전히 수축되면서 복근에 힘이 굉장히 많이 들어간다. 운동을 할 때 무릎 신전 힘이 대퇴직근을 지나 아랫배인 단전에 모이게 되는 것이다. 우리는 이것을 보통 코어(아랫배)라고 하는데, 대퇴직근에 힘을 강하게 쓰려면 코어 힘이 좋아야 한다. 다시 말해 코어 힘이 좋은 사람은 대퇴직근 힘이 좋고, 대퇴직근 힘이 좋은 사람은 코어 힘이 좋다. 일반적으로 단거리 달리기 선수나 발차기를 주로 하는 운동선수들의 대퇴직근이 잘 발달해 있다.

레그 컬

햄스트링도 먼저 해부학적 구조를 보면 대퇴이두근(장두, 단두)과 반건양근, 반막양근 등 총 네 갈래로 구성된 투 조인트 근육이다. 대퇴이두근은 위쪽으로는 좌골에, 아래쪽으로는 비골두에 붙어 있고, 반건양근과 반막양근은 좌골에 붙어 아래쪽으로는 경골 내측에 붙어 있다. 엎드렸을 때 허벅지 바깥쪽에 대퇴이두근, 안쪽에 반건양근과 반막양근이 있다. 햄스트링은 고관절 신전과 무릎 굴곡 기능을 한다. 고관절 신전을 할 때는 원 조인트 근육인 대퇴이두근 단두는 관여하지 않지만 무릎 굴곡 때는 관여한다. 그리고 무릎 굴곡 시 대퇴이두근(장두, 단두)은 아랫다리(종아리 부분)를 외회전시키는 기능이 있고, 반건양근과 반막양근은 내회전시키는 기능이 있다. 레그 컬 동작을 보면 엎드려서 무릎만 굴곡시키는 원 조인트로 하는데 그보다 투 조인트로 하면 훨씬 더 강하게 수축할 수 있다. 처음부터 투 조인트로 하려면 자세 잡기가 힘들지만 어느 정도 숙달되면 굉장히 강한 자극을 느낄 수 있다.

원 조인트 운동을 할 때는 패드에 엎드려서 손잡이를 잡고 양발로 패드를 당기면서 무릎만 굽혔다 폈다 한다. 그런데 투 조인트 운동을 할 때는 양발로 패드를 당기면서 무릎을 굽히기 전에 고관절 신전, 즉 허벅지를 패드에서 살짝 들어준 다음 양발로 패드를 당겨 무릎을 굽혀(무릎 굴곡)준다. 마치 이두근 운동하듯이 감아 올리는 느낌으로 한다. 이렇게 하면 투 조인트 운동이 된다.

모든 근육은 아나토미 자세에서 항상 이완되어 있거나 수축되어 있다. 팔을 예로 들면 아나토미 자세에서 이두근은 이완되어 있고 삼두근은 단축되어 있다. 그런데 햄스트링은 2가지 성질을 모두 가지고 있다. 서 있을 때 햄스트링은 좌골 부착 지점에서는 단축되어 있고 무릎 부분에서는 이완되어 있다. 반대로 의자에 앉으면 엉덩이 부분이 이완되고 무릎 부분이 단축된다. 그래서 레그 컬 동작에서 원 조인트로 하면 무릎이 굴곡될 때 엉덩이는 올라온다. 이때 무릎 부분에서는 근육이 수축되지만 엉덩이 부분은 반대로 이완된다. 그런데 투 조인트로 하면 고관절 신전과 무릎 굴곡의 2가지 기능을 모두 하기 때문에 엉덩이 부분과 무릎 부분 모두 수축되어 원 조인트 때보다 훨씬 더 강한 자극을 느낄 수 있다.

① 머신에 엎드려 패드에 양발을 걸고 양손으로 손잡이를 잡는다. 명치를 들고 허리를 잘 고정한다.

② 상체를 잘 고정하고 허벅지를 먼저 들어 대둔근을 수축시킨다.

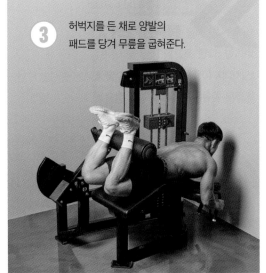

③ 허벅지를 든 채로 양발의 패드를 당겨 무릎을 굽혀준다.

➕ TIP

원 조인트와 투 조인트의 차이

원 조인트 운동의 경우 다리를 펴면 햄스트링의 엉덩이 부분은 수축, 무릎 부분은 이완되어 있다. 그리고 무릎을 구부리면 햄스트링의 엉덩이 부분은 이완, 무릎 부분은 수축된다. 즉, 엉덩이 아래쪽은 운동이 되지 않는다. 따라서 투 조인트 운동을 하면 이완된 엉덩이 부분과 무릎 부분 모두 수축시켜 운동 효과를 높일 수 있다.

원 조인트 운동

엉덩이가 자꾸 들릴 경우

처음에는 자세가 잘 안 잡힐 수 있다. 그런 경우에는 상체를 조금 더 세우고 허리를 전만 자세로 만든다. 그다음 다리를 들어 올릴 때 허벅지를 들어 근육을 말아 올린다는 느낌으로 한다. 이때 허리에 무리가 올 수 있는데, 동작을 하면서 자세가 잡히는 느낌이 들면 머리와 가슴만 살짝 들어주고 허리는 자연스럽게 내리고 수행한다.

투 조인트 운동   상체 세운 상태

201

카프 레이즈

모든 신경과 혈관은 근육과 근육 사이를 지나고 있다. 이는 곧 근육들이 신경을 보호하고 근육 수축이 온몸의 혈액순환에 중추적인 역할을 한다는 것이다. 혈액이 온몸을 순환할 때 몸의 가장 아래쪽에서 혈액순환의 역할을 하는 부위가 바로 종아리이다. 심장에서 동맥혈을 보내면 온몸을 돌고 난 뒤 종아리에서 펌프 작용을 하여 정맥혈을 심장으로 다시 되돌려 보내는 것이다. 그래서 종아리를 제2의 심장이라고도 부른다. 이처럼 종아리는 혈액순환과 밀접한 관련이 있고 그만큼 중요한 부위이다. 그러므로 종아리 근육은 근비대뿐만 아니라 건강과 기능적인 면에서도 단련이 꼭 필요하다.

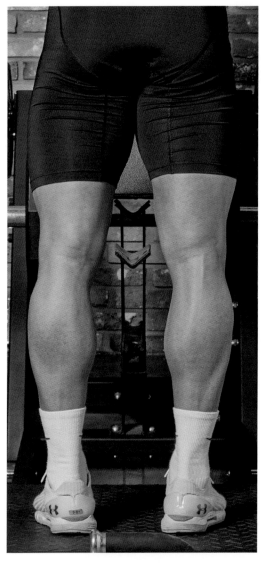

① 스탠딩 카프 레이즈 머신에 올라가 선다.

② 뒤꿈치를 최대한 높이 들어 올린다.

근육의 수축감을 극대화하는 방법

뒤꿈치를 들어 올릴 때 한 번에 올리지 말고 두 단계로 나누어 들어 올린다. 그러면 근육의 수축감이 더욱 커진다.

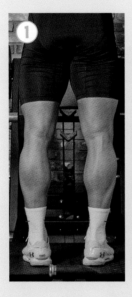  

발 방향에 따른 효과

발의 방향을 바깥쪽으로 하면 안쪽 근육에 더욱 강한 자극이 전달되고, 발의 방향을 안쪽으로 하면 가자미근과 바깥쪽 근육에 더욱 강한 자극이 간다.

스탠딩 카프 레이즈 머신이 없는 경우

①

스미스 머신과 바벨 이용

일반 머신과 덤벨 이용

➕ **TIP**

종아리에 쥐가 자주 나는 경우

종아리에 쥐가 자주 난다면 혈액순환이 잘 안되기 때문이다. 이때는 종아리 근육만 풀어주지 말고 반드시 엉덩이 근육부터 풀어줘야 한다. 즉, 대둔근, 이상근, 대퇴이두근, 종아리 순으로 풀어줘야 한다. 모든 부위를 풀어주기 귀찮다면 무조건 엉덩이 근육은 풀어줘야 종아리 쥐를 방지할 수 있다. 폼롤러나 테니스공으로 마사지를 해주면 좋다.

CHAPTER

10

김명섭이 추천하는
최고의 프로그램

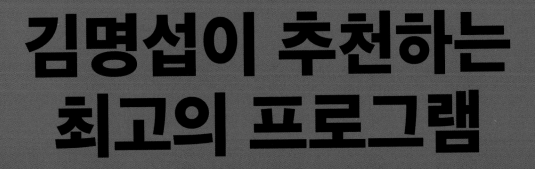

PROGRAM #01 입문자용 운동 루틴
(무분할 4주 프로그램)

PROGRAM #02 초보자용 운동 루틴 1~2주차
(2분할 4주 프로그램)

PROGRAM #03 초보자용 운동 루틴 3~4주차
(2분할 4주 프로그램)

PROGRAM #04 3분할 8주 프로그램

PROGRAM #05 4분할 10주 프로그램

PROGRAM #06 5분할 8주 프로그램

일러두기 ❶ 프로그램을 구성한 운동들은 책에 소개한 운동들을 응용하면 된다.
❷ 한 가지 운동이 2개 이상 부위에 효과가 있을 수 있다.

입문자용 운동 루틴(무분할 4주 프로그램)

요일	부위	운동	세트	
월요일	가슴	체스트 프레스 l p.44	15회 × 2세트	총 12세트
	하체	레그 익스텐션 l p.198	15회 × 2세트	
		레그 컬 l p.200	15회 × 2세트	
	등	랫 풀다운 l p.66	15회 × 2세트	
	어깨	숄더 프레스 l p.114	15회 × 2세트	
	팔	바벨 컬 l p.136	15회 × 2세트	
화요일	하체	맨몸 스쿼트 l p.192	20회 × 2세트	총 12세트
	가슴	체스트 프레스 l p.44	15회 × 2세트	
	등	시티드 로우 l p.72	15회 × 2세트	
	어깨	숄더 프레스 l p.114	15회 × 2세트	
	팔	바벨 컬 l p.136	15회 × 2세트	
		케이블 푸시 다운 l p.156	15회 × 2세트	
수요일	유산소	런닝머신	40분	유산소 80분, 총 4세트 (*유산소: 런닝머신, 싸이클 중 택 1)
		싸이클	40분	
	복근	크런치 l p.170	15회 × 4세트	

요일	부위	운동	세트	
목요일	가슴	체스트 프레스 l p.44	15회 × 2세트	총 12세트
	등	랫 풀다운 l p.66	15회 × 2세트	
	하체	레그 익스텐션 l p.198	15회 × 2세트	
		레그 컬 l p.200	15회 × 2세트	
	어깨	숄더 프레스 l p.114	15회 × 2세트	
	팔	케이블 푸시 다운 l p.156	15회 × 2세트	
금요일	하체	맨몸 스쿼트 l p.192	15회 × 2세트	총 12세트
	가슴	체스트 프레스 l p.44	15회 × 2세트	
	등	시티드 로우 l p.72	15회 × 2세트	
	어깨	숄더 프레스 l p.114	15회 × 2세트	
	팔	바벨 컬 l p.136	15회 × 2세트	
		케이블 푸시 다운 l p.156	15회 × 2세트	
토요일	유산소	런닝머신	40분	유산소 80분, 총 4세트 (*유산소: 런닝머신, 싸이클 중 택 1)
		싸이클	40분	
	복근	크런치 l p.170	15회 × 4세트	
일요일		휴식		

초보자용 운동 루틴 1~2주차(2분할 4주 프로그램)

요일	부위	운동	세트	
월요일 (상체)	가슴	인클라인 벤치 프레스 I p.34	12회 × 2세트	총 16세트
		체스트 프레스 I p.44	12회 × 2세트	
	등	랫 풀다운 I p.66	12회 × 2세트	
		시티드 로우 I p.72	12회 × 2세트	
	어깨	숄더 프레스 I p.114	12회 × 2세트	
		사이드래터럴 레이즈 I p.116	12회 × 2세트	
	팔	바벨 컬 I p.136	12회 × 2세트	
		케이블 푸시 다운 I p.156	12회 × 2세트	
화요일 (하체)	하체	스쿼트 I p.192	15회 × 4세트	총 16세트
		레그 익스텐션 I p.198	12회 × 4세트	
		레그 컬 I p.200	12회 × 4세트	
		카프 레이즈 I p.204	12회 × 4세트	
수요일 (유산소&복근)	유산소	런닝머신	40분	유산소 80분, 총 5~7세트 (*유산소: 런닝머신, 싸이클 중 택 1)
		싸이클	40분	
	복근	싯업 I p.172	15회 × 5~7세트	

요일	부위	운동	세트	
목요일 (상체)	가슴	체스트 프레스 I p.44	12회 × 2세트	총 16세트
		펙 덱 플라이 I p.122	12회 × 2세트	
	등	랫 풀다운 I p.66	12회 × 2세트	
		시티드 로우 I p.72	12회 × 2세트	
	어깨	숄더 프레스 I p.114	12회 × 2세트	
		사이드 래터럴 레이즈 I p.116	12회 × 2세트	
	팔	바벨 컬 I p.136	12회 × 2세트	
		케이블 푸시 다운 I p.156	12회 × 2세트	
금요일 (하체)	하체	레그 프레스 I p.192	20회 × 4세트	총 16세트
		레그 익스텐션 I p.198	12회 × 4세트	
		레그 컬 I p.200	12회 × 4세트	
	복근	크런치 I p.170	12회 × 4세트	
토요일 (유산소&복근)	유산소	런닝머신	40분	유산소 80분, 총 5~7세트 (*유산소: 런닝머신, 싸이클 중 택 1)
		싸이클	40분	
	복근	싯업 I p.172	15회 × 5~7세트	
일요일		휴식		

*12회 횟수로 운동시 최대 횟수를 할 수 있는 최대 무게로 한다.

초보자용 운동 루틴 3~4주차(2분할 4주 프로그램)

요일	부위	운동	세트	
월요일 (상체)	가슴	인클라인 벤치 프레스 I p.34	12회 × 2세트	총 16세트
		체스트 프레스 I p.44	12회 × 2세트	
	등	랫 풀다운 I p.66	12회 × 2세트	
		시티드 로우 I p.72	12회 × 2세트	
	어깨	숄더 프레스 I p.114	12회 × 2세트	
		사이드 래터럴 레이즈 I p.116	12회 × 2세트	
	팔	바벨 컬 I p.136	12회 × 2세트	
		케이블 푸시 다운 I p.156	12회 × 2세트	
화요일 (하체)	하체	스쿼트 I p.192	15회 × 4세트	총 16세트
		레그 익스텐션 I p.198	12회 × 4세트	
		레그 컬 I p.200	12회 × 4세트	
		카프 레이즈 I p.204	12회 × 4세트	
수요일	유산소	런닝머신	40분	유산소 80분, 총 5~7세트 (*유산소: 런닝머신, 싸이클 중 택 1)
		싸이클	40분	
	복근	싯업 I p.172	15회 × 5~7세트	

요일	부위	운동	세트	
목요일 (상체)	가슴	체스트 프레스 l p.44	12회 × 2세트	총 16세트
		펙 덱 플라이 l p.122	12회 × 2세트	
	등	랫 풀다운 l p.66	12회 × 2세트	
		시티드 로우 l p.72	12회 × 2세트	
	어깨	숄더 프레스 l p.114	12회 × 2세트	
		사이드 래터럴 레이즈 l p.116	12회 × 2세트	
	팔	바벨 컬 l p.136	12회 × 2세트	
		케이블 푸시 다운 l p.156	12회 × 2세트	
금요일 (하체)	하체	레그 프레스 l p.194	20회 × 4세트	총 16세트
		레그 익스텐션 l p.198	12회 × 4세트	
		레그 컬 l p.200	12회 × 4세트	
	복근	크런치 l p.170	12회 × 4세트	
토요일 (유산소&복근)	유산소	런닝머신	40분	유산소 80분, 총 5~7세트 (*유산소: 런닝머신, 싸이클 중 택 1)
		싸이클	40분	
	복근	싯업 l p.172	15회 × 5~7세트	
일요일		휴식		

*12회 횟수로 운동시 최대 횟수를 할 수 있는 최대 무게로 한다.

3분할 8주 프로그램

요일	부위	순서	운동	세트	
월요일	가슴 - 오전 -	1	인클라인 덤벨 프레스 I p.40	4세트	총 28세트
		2	인클라인 벤치 프레스 I p.34	4세트	
		3	플랫 벤치 프레스 I p.38	7세트	
		4	덤벨 플라이 I p.46 or 펙 덱 플라이 I p.122	4세트	
		5	딥스 I p.53	5세트	
		6	케이블 크로스 오버 I p.50	4세트	
	등 - 오후 -	1	랫 풀다운 I p.66 or 풀업 I p.70	5세트	총 32세트
		2	암 풀다운 I p.76	4세트	
		3	벤트 오버 바벨 로우 I p.78	5세트	
		4	T바 로우 I p.80	5세트	
		5	데드리프트 I p.88	4세트	
		6	원 암 덤벨 로우 I p.84	4세트	
		7	시티드 로우 I p.72	5세트	
화요일	어깨 - 오전 -	1	덤벨 숄더 프레스 I p.114	4세트	총 34세트
		2	비하인드 넥 프레스 I p.108	4세트	
		3	프론트 프레스(밀리터리 프레스) I p.111	5세트	
		4	사이드 래터럴 레이즈 I p.116	5세트	
		5	벤트 오버 레이즈 I p.126 or 페이스풀 I p.120	5세트	
		6	업라이트 로우 I p.130	4세트	
		7	슈러그 I p.96	7세트	
	팔 (이두, 삼두, 수퍼 세트) - 오후 -	1	케이블 컬(이두) I p.150 + 케이블 푸시 다운(삼두) I p.156	4세트	총 16세트
		2	프리처 컬(이두) I p.140 + 라잉 트라이셉스 익스텐션(삼두) I p.160	4세트	
		3	바벨 컬(이두) I p.136 + 원 암(투 암) 덤벨 오버헤드 익스텐션(삼두) I p.164	4세트	
		4	얼터네이트 덤벨 컬(이두) I p.144 + 스탠딩 트라이셉스 익스텐션(삼두) I p.162	4세트	
수요일	하체 - 오전 -	1	스쿼트 I p.192	7세트	총 34세트
		2	레그 프레스 I p.194	4세트	
		3	레그 익스텐션 I p.198	5세트	
		4	핵 스쿼트 I p.196	4세트	
		5	레그 컬 I p.200	5세트	
		6	런지 I p.202	4세트	
		7	카프 레이즈 I p.204	5세트	
	복근 - 오후 -	1	크런치 I p.170	5세트	총 15세트
		2	싯업 I p.172	5세트	
		3	행잉 레그 레이즈 I p.180	5세트	

요일	부위	순서	운동	세트	
목요일	가슴 - 오전 -	1	인클라인 덤벨 프레스 I p.40	4세트	총 28세트
		2	인클라인 벤치 프레스 I p.34	4세트	
		3	플랫 벤치 프레스 I p.38	7세트	
		4	덤벨 플라이 I p.46 or 펙 덱 플라이 I p.122	4세트	
		5	딥스 I p.53	5세트	
		6	케이블 크로스 오버 I p.50	4세트	
	등 - 오후 -	1	랫 풀다운 I p.66 or 풀업 I p.70	5세트	총 32세트
		2	암 풀다운 I p.76	4세트	
		3	벤트 오버 바벨 로우 I p.78	5세트	
		4	T바 로우 I p.80	5세트	
		5	데드리프트 I p.88	4세트	
		6	원 암 덤벨 로우 I p.84	4세트	
		7	시티드 로우 I p.72	5세트	
금요일	어깨 - 오전 -	1	덤벨 숄더 프레스 I p.114	4세트	총 34세트
		2	비하인드 넥 프레스 I p.108	4세트	
		3	프론트 프레스(밀리터리 프레스) I p.111	5세트	
		4	사이드 래터럴 레이즈 I p.116	5세트	
		5	벤트 오버 레이즈 I p.126 or 페이스풀 I p.120	5세트	
		6	업라이트 로우 I p.130	4세트	
		7	슈러그 I p.96	7세트	
	팔 (이두, 삼두, 수퍼 세트) - 오후 -	1	케이블 컬(이두) I p.150 + 케이블 푸시 다운(삼두) I p.156	4세트	총 16세트
		2	프리처 컬(이두) I p.140 + 라잉 트라이셉스 익스텐션(삼두) I p.160	4세트	
		3	바벨 컬(이두) I p.136 + 원 암(투 암) 덤벨 오버헤드 익스텐션(삼두)	4세트	
		4	얼터네이트 덤벨 컬(이두) I p.144 + 스탠딩 트라이셉스	4세트	
토요일	하체 - 오전 -	1	스쿼트 I p.192	7세트	총 34세트
		2	레그 프레스 I p.194	4세트	
		3	레그 익스텐션 I p.198	5세트	
		4	핵 스쿼트 I p.196	4세트	
		5	레그 컬 I p.200	5세트	
		6	런지 I p.202	4세트	
		7	카프 레이즈 I p.204	5세트	
	복근 - 오후 -	1	크런치 I p.170	5세트	총 15세트
		2	싯업 I p.172	5세트	
		3	행잉 레그 레이즈 I p.180	5세트	
일요일			휴식		

PROGRAM #05

4분할 10주 프로그램(1, 3, 5, 7, 9주차)

요일	부위	순서	운동	세트	
월요일	가슴 - 오전 -	1	인클라인 덤벨 프레스 l p.40	5세트	총 30세트
		2	인클라인 벤치 프레스 l p.34	5세트	
		3	플랫 벤치 프레스 l p.38	7세트	
		4	덤벨 플라이 l p.46 or 펙 덱 플라이 l p.122	4세트	
		5	딥스 l p.53	5세트	
		6	케이블 크로스 오버 l p.50	4세트	
	팔 (이두) - 오후 -	1	케이블 컬 l p.150	5세트	총 20세트
		2	프리처 컬 l p.140	5세트	
		3	바벨 컬 l p.136	5세트	
		4	얼터네이트 덤벨 컬 l p.144	5세트	
화요일	등 - 오전 -	1	랫 풀다운 l p.66 or 풀업 l p.70	5세트	총 32세트
		2	암 풀다운 l p.76	4세트	
		3	벤트 오버 바벨 로우 l p.78	5세트	
		4	T바 로우 l p.80	5세트	
		5	데드리프트 l p.88	4세트	
		6	원 암 덤벨 로우 l p.84	4세트	
		7	시티드 로우 l p.72	5세트	
	팔 (삼두) - 오후 -	1	케이블 푸시 다운 l p.156	5세트	총 20세트
		2	라잉 트라이셉스 익스텐션 l p.160	5세트	
		3	원 암(투 암) 덤벨 오버헤드 익스텐션 l p.164	5세트	
		4	스탠딩 트라이셉스 익스텐션 l p.162	5세트	
수요일	하체 - 오전 -	1	스쿼트 l p.192	7세트	총 34세트
		2	레그 프레스 l p.194	4세트	
		3	레그 익스텐션 l p.198	5세트	
		4	핵 스쿼트 l p.196	4세트	
		5	레그 컬 l p.200	5세트	
		6	런지 l p.202	4세트	
		7	카프 레이즈 l p.204	5세트	
	복근 - 오후 -	1	크런치 l p.170	5세트	총 15세트
		2	싯업 l p.172	5세트	
		3	행잉 레그 레이즈 l p.180	5세트	

요일	부위	순서	운동	세트	
목요일	어깨 - 오전 -	1	덤벨 숄더 프레스 I p.114	4세트	총 34세트
		2	비하인드 넥 프레스 I p.108	4세트	
		3	프론트 프레스(밀리터리 프레스) I p.111	5세트	
		4	사이드 래터럴 레이즈 I p.116	5세트	
		5	벤트 오버 레이즈 I p.126 or 페이스풀 I p.120	5세트	
		6	업라이트 로우 I p.130	4세트	
		7	슈러그 I p.96	7세트	
	팔 (이두) - 오후 -	1	케이블 컬 I p.150	5세트	총 20세트
		2	프리처 컬 I p.140	5세트	
		3	바벨 컬 I p.136	5세트	
		4	얼터네이트 덤벨 컬 I p.144	5세트	
금요일	가슴 (컴파운드 세트) - 오전 -	1	인클라인 덤벨 프레스 I p.40 + 덤벨 플라이 I p.46	5세트	총 25세트
		2	인클라인 벤치 프레스 I p.34 + 펙 덱 플라이 I p.122	5세트	
		3	플랫 벤치 프레스 I p.38 + 케이블 크로스 오버 I p.50	5세트	
		4	딥스 I p.53	5세트	
		5	덤벨 풀오버 I p.56	5세트	
	팔 (삼두) - 오후 -	1	케이블 푸시 다운 I p.156	5세트	총 20세트
		2	라잉 트라이셉스 익스텐션 I p.160	5세트	
		3	원 암(투 암) 덤벨 오버헤드 익스텐션 I p.164	5세트	
		4	스탠딩 트라이셉스 익스텐션 I p.162	5세트	
토요일	등 - 오전 -	1	랫 풀다운 I p.66 or 풀업 I p.70	5세트	총 32세트
		2	암 풀다운 I p.76	4세트	
		3	벤트 오버 바벨 로우 I p.78	5세트	
		4	T바 로우 I p.80	5세트	
		5	데드리프트 I p.88	4세트	
		6	원 암 덤벨 로우 I p.84	4세트	
		7	시티드 로우 I p.72	5세트	
	복근 - 오후 -	1	크런치 I p.170	5세트	총 15세트
		2	싯업 I p.172	5세트	
		3	행잉 레그 레이즈 I p.180	5세트	
일요일			휴식		

4분할 10주 프로그램(2, 4, 6, 8, 10주차)

요일	부위	순서	운동	세트	
월요일	하체 - 오전 -	1	스쿼트 l p.192	7세트	총 34세트
		2	레그 프레스 l p.194	4세트	
		3	레그 익스텐션 l p.198	5세트	
		4	핵 스쿼트 l p.196	4세트	
		5	레그 컬 l p.200	5세트	
		6	런지 l p.202	4세트	
		7	카프 레이즈 l p.204	5세트	
	팔 (삼두) - 오후 -	1	케이블 푸시 다운 l p.156	5세트	총 20세트
		2	라잉 트라이셉스 익스텐션 l p.160	5세트	
		3	원 암(투 암) 덤벨 오버헤드 익스텐션 l p.164	5세트	
		4	스탠딩 바벨 트라이셉스 익스텐션 l p.162	5세트	
화요일	어깨 (컴파운드 세트) - 오전 -	1	덤벨 숄더 프레스 l p.114 + 업라이트 로우 l p.130	5세트	총 22세트
		2	비하인드 넥 프레스 l p.108 + 사이드 래터럴 레이즈 l p.116	5세트	
		3	프론트 프레스(밀리터리 프레스) l p.111 + 벤트 오버 레이즈 l p.126 or 페이스풀 l p.120	5세트	
		4	슈러그 l p.96	7세트	
	팔 (이두) - 오후 -	1	케이블 컬 l p.150	5세트	총 20세트
		2	프리처 컬 l p.140	5세트	
		3	바벨 컬 l p.136	5세트	
		4	얼터네이트 덤벨 컬 l p.144	5세트	
수요일	가슴 - 오전 -	1	인클라인 덤벨 프레스 l p.40	5세트	총 30세트
		2	인클라인 벤치 프레스 l p.34	5세트	
		3	플랫 벤치 프레스 l p.38	7세트	
		4	덤벨 플라이 l p.46 or 펙 덱 플라이 l p.122	4세트	
		5	딥스 l p.53	5세트	
		6	케이블 크로스 오버 l p.50	4세트	
	복근 - 오후 -	1	크런치 l p.170	5세트	총 15세트
		2	싯업 l p.172	5세트	
		3	행잉 레그 레이즈 l p.180	5세트	

요일	부위	순서	운동	세트	
목요일	등 - 오전 -	1	랫 풀다운 I p.66 or 풀업 I p.70	5세트	총 32세트
		2	암 풀다운 I p.76	4세트	
		3	벤트 오버 바벨 로우 I p.78	5세트	
		4	T바 로우 I p.80	5세트	
		5	데드리프트 I p.88	4세트	
		6	원 암 덤벨 로우 I p.84	4세트	
		7	시티드 로우 I p.72	5세트	
	팔 (삼두) - 오후 -	1	케이블 푸시 다운 I p.156	5세트	총 20세트
		2	라잉 트라이셉스 익스텐션 I p.160	5세트	
		3	원 암(투 암) 덤벨 오버헤드 익스텐션 I p.164	5세트	
		4	스탠딩 트라이셉스 익스텐션 I p.162	5세트	
금요일	하체 - 오전 -	1	스쿼트 I p.192	7세트	총 34세트
		2	레그 프레스 I p.194	4세트	
		3	레그 익스텐션 I p.198	5세트	
		4	핵 스쿼트 I p.196	4세트	
		5	레그 컬 I p.200	5세트	
		6	런지 I p.202	4세트	
		7	카프 레이즈 I p.204	5세트	
	복근 - 오후 -	1	크런치 I p.170	5세트	총 15세트
		2	싯업 I p.172	5세트	
		3	행잉 레그 레이즈 I p.180	5세트	
토요일	어깨 - 오전 -	1	덤벨 숄더 프레스 I p.114	4세트	총 34세트
		2	비하인드 넥 프레스 I p.108	4세트	
		3	프론트 프레스(밀리터리 프레스) I p.111	5세트	
		4	사이드 래터럴 레이즈 I I p.116	5세트	
		5	벤트 오버 레이즈 I p.126 or 페이스풀 I p.120	5세트	
		6	업라이트 로우 I p.130	4세트	
		7	슈러그 I p.96	7세트	
	팔 (이두) - 오후 -	1	케이블 컬 I p.150	5세트	총 20세트
		2	프리처 컬 I p.140	5세트	
		3	바벨 컬 I p.136	5세트	
		4	얼티네이트 덤벨 컬 I p.144	5세트	
일요일	휴식				

PROGRAM #06

5분할 8주 프로그램

요일	부위	순서	운동	세트	
월요일	하체	1	스쿼트 l p.192	7세트	총 29세트
		2	레그 프레스 l p.194	4세트	
		3	레그 익스텐션 l p.198	5세트	
		4	핵 스쿼트 l p.196	4세트	
		5	레그 컬 l p.200	5세트	
		6	런지 l p.202	4세트	
	복근	1	크런치 l p.170	5세트	총 15세트
		2	싯업 l p.172	5세트	
		3	행잉 레그 레이즈 l p.180	5세트	
화요일	가슴	1	인클라인 덤벨 프레스 l p.40	4세트	총 28세트
		2	인클라인 벤치 프레스 l p.34	4세트	
		3	플랫 벤치 프레스 l p.38	7세트	
		4	덤벨 플라이 l p.46 or 펙 덱 플라이 l p.122	4세트	
		5	딥스 l p.53	5세트	
		6	케이블 크로스 오버 l p.50	4세트	
	종아리	1	카프 레이즈 l p.204	10세트	총 10세트
수요일			휴식 or 유산소		

222

요일	부위	순서	운동	세트	
목요일	등	1	랫 풀다운 I p.66 or 풀업 I p.70	5세트	
		2	암 풀다운 I p.76	4세트	
		3	벤트 오버 바벨 로우 I p.78	5세트	
		4	T바 로우 I p.80	5세트	총 32세트
		5	데드리프트 I p.88	4세트	
		6	원 암 덤벨 로우 I p.84	4세트	
		7	시티드 로우 I p.72	5세트	
	복근	1	크런치 I p.170	5세트	
		2	싯업 I p.172	5세트	총 15세트
		3	행잉 레그 레이즈 I p.180	5세트	
금요일	어깨	1	덤벨 숄더 프레스 I p.114	4세트	
		2	비하인드 넥 프레스 I p.108	4세트	
		3	프론트 프레스(밀리터리 프레스) I p.111	5세트	
		4	사이드 래터럴 레이즈 I p.116	5세트	총 34세트
		5	벤트 오버 레이즈 I p.126 or 페이스풀 I p.120	5세트	
		6	업라이트 로우 I p.130	4세트	
		7	슈러그 I p.96	7세트	
토요일	팔 (이두, 삼두 수퍼 세트)	1	케이블 컬(이두) I p.150 + 케이블 푸시 다운(삼두) I p.156	4세트	
		2	프리처 컬(이두) I p.140 + 라잉 트라이셉스 익스텐션(삼두) I p.160	4세트	
		3	바벨 컬(이두) I p.136 + 원 암(투 암) 덤벨 오버헤드 익스텐션(삼두) I p.164	4세트	총 16세트
		4	얼터네이트 덤벨 컬(이두) I p.144 + 스탠딩 트라이셉스 익스텐션(삼두) I p.162	4세트	
	복근	1	크런치 I p.170	5세트	
		2	싯업 I p.172	5세트	총 15세트
		3	행잉 레그 레이즈 I p.180	5세트	
일요일			휴식		

보디빌더 경험에 해부학을 접목한

김명섭의 헬스 교실

초판 1쇄 발행 2023년 5월 15일
초판 7쇄 발행 2024년 8월 8일

지은이 김명섭
펴낸이 김영조
편집 김시연 | **디자인** 정지연 | **마케팅** 김민수, 조애리 | **제작** 김경묵 | **경영지원** 정은진
사진 이과용 | **일러스트** 문승호 | **모델** 이정근 | **외주디자인** 그라 | **장소협찬** 리미트짐 휘트니스
펴낸곳 싸이프레스 | **주소** 서울시 마포구 양화로7길 44, 3층
전화 (02)335-0385 | **팩스** (02)335-0397
이메일 cypressbook1@naver.com | **홈페이지** www.cypressbook.co.kr
블로그 blog.naver.com/cypressbook1 | **포스트** post.naver.com/cypressbook1
인스타그램 싸이프레스 @cypress_book | 싸이클 @cycle_book
출판등록 2009년 11월 3일 제2010-000105호

ISBN 979-11-6032-199-9   13690

• 이 책은 저작권법에 따라 보호를 받는 저작물이므로 무단 전재 및 무단 복제를 금합니다.
• 책값은 뒤표지에 있습니다.
• 파본은 구입하신 곳에서 교환해 드립니다.
• 싸이프레스는 여러분의 소중한 원고를 기다립니다.